U0566260

在万米高空遇见庄子

李德武 著

古吴轩出版社

图书在版编目（CIP）数据

在万米高空遇见庄子 / 李德武著. -- 苏州：古吴
轩出版社, 2021.9
ISBN 978-7-5546-1760-1

Ⅰ.①在… Ⅱ.①李… Ⅲ.①哲学－世界－文集②艺
术评论－世界－文集 Ⅳ.①B1-53②J051-53

中国版本图书馆CIP数据核字（2021）第108860号

责 任 编 辑：鲁林林
特 约 编 辑：鞠　俊
装 帧 设 计：鹏飞艺术　刘　啸
责 任 校 对：戴玉婷

书　　　名：在万米高空遇见庄子
著　　　者：李德武
出 版 发 行：古吴轩出版社
　　　地址：苏州市八达街118号苏州新闻大厦30F　　邮编：215123
　　　电话：0512-65233679　　　　　　　　　　传真：0512-65220750
出 版 人：尹剑峰
印　　　刷：三河市延风印装有限公司
开　　　本：640×960　1/16
印　　　张：13
字　　　数：153千字
版　　　次：2021年9月第1版　第1次印刷
书　　　号：ISBN 978-7-5546-1760-1
定　　　价：28.80元

如有印装质量问题，请与印刷厂联系。0316-3650563

序

李德武

庄子已逝，这意味着我们无论在哪里遇见庄子都是遇见鬼了。问题是，我们确实遇见了庄子，我们从不怀疑庄子的真伪，反而怀疑我们自己的真伪。好在庄子只有一个，其余自称庄子的人都是"装子"。

相反，荷尔德林有无数个，他太想完美，要做天地人神合一的人物，所以，天地不领情，人神不领情，他所热爱的都不助他成功，结果他疯了。世上有很多疯子，要么太贪心，要么苛求完美。荷尔德林是为人类错误和贫乏而生的，若不是两次世界大战，人们也许早就把他忘了。我说荷尔德林是绕不过的，只因我们绕不过错误和贫乏。

克尔凯郭尔认为信仰是人无能的产物，费尔巴哈则将其归结为人欲望的产物，这之间有很大不同。克尔凯郭尔认为人总有无能为力之时，这时他的希望和出路就只有信仰，有信仰的人不会绝望。但费尔巴哈认为上帝是人设计的一个艺术品，目的是用来满足内心需要的，一旦需要满足了，人们就会忘却上帝。所以，人们对神的崇拜归结为自我崇拜。信仰和宗教问题是不能辩论的，也是不能明说的，偏偏人们热衷于去说。我想起那句谚语：人类一思考，上帝就发笑！

　　人希望通过思考寻求更好的出路，结果思考反而让人自身陷入更大的困境。这一悖论并没有让人放弃思考，人怎么能够放弃思考呢？谁又能让人放弃思考呢？人们从这一悖论中获得启示：思考本身为什么不能是快乐的？人一旦这样想就把思考的注意力从思辨真理转向感受思考过程，以及思考不确定的对象。这就让思考进入"艺术"模式。德勒兹就是这样的思想家，他的思想是关于好玩的，似乎他就是为艺术而思的。和荷尔德林疯掉不一样，德勒兹在晚年选择了跳楼自杀，这是我一直想不明白的问题，他为我们开辟了那么多抵达游戏的路径，自己却走到了绝境。也许他符合克尔凯郭尔的诊断：缺乏信仰吧！

　　我在这样一些哲学家中穿行，如同穿越一座座森林。每一位哲学家都具有人类不凡的思想和灵魂，他们开拓的思想空间都为人类世界打开崭新的维度。在探寻这些哲学家思想奥秘的同时，我也看到每一种思想的局限性。特别是当我感觉多少了解了一个人思想奥秘的时候，我既欢喜又沮丧。欢喜的是我了解到了一位哲学家的伟大之处，沮丧的是我也看到了他的局限。我不免暗自叨咕：如果我只了解一位哲学家，我会偏信真理；如果我了解更多的哲学家，我将放弃哲学。事实上我在进入哲学时也在随时从哲学中退身而出，我每了解一位哲学家，就在心里和他完成一次告别。

　　偶尔，我也会写一些"装模作样"的文字，比如《论幻象》《论西西弗斯》《论文人》，有时我也会好为人师，在青年人面前倚老卖老，卖弄学问，这些小把戏就当是我个人的缺陷保留着吧。

我才不渴望完美呢！我也不希望掩饰自己的不足，如是而已。

小海是我的好朋友，我们有约定，每个人有新书出版，书中都要有对方的名字和文章。在这本书里，我选择了我们俩的一篇对话录。这将成为我们之间友情的见证。

大千世界，我埋头于一字一句。仅此足矣！

序诗：穿过森林

一个人，一片森林。名字写在树冠上
放下手中活计，把行走交给你
不需要宽广作为参照，浓荫下的世界
自成一体。阳光是外来客
黑森林中植物自己发光
唤醒蒺藜亮出刺。我迈入荆棘之列
在晦暗处以锋芒阅读锋芒
欣然于你制造的障碍和难度
人迹罕至处恰好是野兽的乐园
阐释你的雷电被牧羊人视为神火
在常人眼里，你已经不居住在地上
恰恰你把自己变成土和水的随从
我们不是偶然遭逢于这个星球
你让我觉得一旦蹲下就会立即腐朽
我费劲地从藤蔓中拨开一条路
只为探测并冒犯你划定的疆界

2018 年 9 月 25 日

目　录

丰饶的绿

荷尔德林

伟大心灵调动不起对神的感应

纯洁的对话仅限于自言自语

索福克勒斯是对的，爱的高潮属于悲剧

你要用诗歌唤醒衰落的帝国

自封为战神，策马于哥林多地峡

和滚滚而来的机器时代相对抗

在伊阿宋出生的地方你看到

英雄的额头与地峡的峰峦齐高

横亘古今的峡谷恰是命运的掌纹

多好！一个人也是天地人神

只是太渴望被赞颂，忘了神乃沙粒

你忽略了手中的长矛是一棵马尾草

所有的失败都比不上丧失至爱

你失掉一个人就失掉了全部世界

如果石头有你的爱石头也会疯狂

正常地生活已经毫无意义

理性和尊严都不重要了，神遗弃你之前

你率先遗弃了当下和未来

嘲笑你的人成为他们自己的笑柄

噩梦丛生，但你紊乱的神经朝向一处

——古希腊庄严的庙宇和碑廊

矗立在一切伤口之上

2018 年 10 月 24 日

追寻荷尔德林诗意的脚步

雪落苏州，腊梅绽放，我决定动笔写荷尔德林。正如雪绕不过苏州，腊梅绕不过冬天，我绕不过荷尔德林。但他不是裹挟着西北风呼啸而来，而是轻缓地飘然而至，循着腊梅的香迹，似乎应和着彼此的呼唤。此刻，荷尔德林离我不远也不近。我处于接近他的路上。我隐约从落雪中窥见他纯粹而孤独的眼神，听到他喃喃自语：

> 已获安慰！生命值得痛苦，
> 只要神的太阳照耀我们，
> 更美好的景象徜徉于心，
> 啊！友好的眼睛陪我们哭泣。
>
> ——《致诺伊弗尔的信》，戴晖译

1.哲学和艺术大师辈出：心灵何以卓然其上？

荷尔德林处于德国启蒙运动蓬勃发展时期，那是一个大师辈出的时代。在文学上，歌德、席勒建立了辉煌的地位。在哲学上，康德以其《纯粹理性批判》和《判断力批判》开创了哲学的新时代。在康德引领下，费希特、谢林、黑格尔竞相绽放，思想的狂澜一时在德国高潮迭起，惊天动地。荷尔德林深受这些哲学家思想的影响，他对康德充满了崇敬。1799年1月1日在给兄弟的信中他写道："康德是我们民族的摩西，他领导人民走出埃及的颓败，进入自由而孤独的思辨的沙漠中，他从神圣的山巅为他们带来生机勃勃的法规。"（《荷尔德林文集》，戴晖译，商务印书馆）荷尔德林从康德这里获得了两样十分重要的东西，一个是作为"德国摩西"的引领者精神，一个是用来规定和解释世界的至高的规则意识。他在1796年2月24日给伊曼努埃·尼特哈墨的信中说："我研究康德和莱茵哈特，以期在这种元素中再度集中精神，让由于徒劳的努力而涣散并且削弱的精神坚强起来……在哲学书信中我想发现这样的原则，它为我解释我们思维和存在的差别，而且它也有能力消除主客体之间的冲突，我们自身和世界的冲突，当然，还有理性和启示之间的冲突。"（《荷尔德林文集》，戴晖译，商务印书馆）

同样，荷尔德林也一度追随费希特，他选修了费希特的课，深受费希特的知识论影响，他在1794年11月从耶拿寄给诺伊弗尔的信中写道："……现在费希特是耶拿的灵魂！……是他！我从没有认识一个人有如此的精神深度和力量。在人之知的荒僻的领域，他探究并且规定这种知的原则和随之而来的法的原则，他以同样的精神力量思考由这些原则得出的最辽远、最大胆的结论，不顾黑暗的暴力，将之述诸文字和课堂，带着火一样的激情和规定性，两者的契合若离开他的垂范，对于我这可怜的人也许是一个无法解决的困难……我天天听他的课。"（《荷尔德林文集》，

戴晖译，商务印书馆）

　　除此以外，荷尔德林与谢林和黑格尔保持交往，经常在书信中探讨哲学问题。特别是，他深受席勒的帮助和扶持，并通过席勒结识了赫赫有名的歌德。尽管荷尔德林对歌德没有在艺术上做深入的研究，但他对自己能够结识歌德仍感到无比的兴奋和激动。他在1795年1月26日给黑格尔的信中说："我和歌德谈过话，兄弟！发现如此丰富的人性蕴藏，这是我们生活最美的享受。他谈话时那么和蔼可亲，每当我想起，我的心不禁笑了还笑。"（《荷尔德林文集》，戴晖译，商务印书馆）荷尔德林还在1796年6月2日给兄弟的信中，用歌德的话启发引导弟弟，强调爱和兴趣是成就伟大理想的前提。他写道："歌德在什么地方曾说，'兴趣和爱好是飞往伟大事业的翅膀'——真理也是如此，谁热爱它，将发现它；大多数人生长在畏缩自私的视野中，我们遗憾地！在这供我们栖息和跋涉的寸土上，几乎处处发现这种视野，而谁的心灵卓然其上，谁不心胸狭隘，他的精神肯定在本意上也非如此。"（《荷尔德林文集》，戴晖译，商务印书馆）

　　身处大师辈出的时代，这是荷尔德林的荣幸，也是他的不幸。荣幸的是，他直接受教于每一位大师的思想影响，通过交往，更真切地感受到哲学家思想深处的人格和精神魅力。毫无疑问，受这些伟大思想的浸润和影响，荷尔德林的见地和智慧、理想和情怀都得到了开阔和提升。不幸的是，他要获得与大师们同等的地位、影响力和至高的荣誉是如此之难，意味着他必须要努力跨越横亘在他面前的一座座高山。无论在思想上，还是在艺术上，他要超越前辈都必须具备非凡的才华和创造力。事实上，他为此付出的牺牲和承受被漠视的痛苦远远超出我们的想象。尽管他比黑格尔寿命要长，但是，由于精神疾病的原因，他过早地丧失了思考的天分和艺术创造力。100多年以后，人们才重新发现他，仿佛发现历史遗留的一个宝物，人们向他献上迟来的敬重和赞叹。或许，这就是荷尔德林悲剧式的命运，所有迟来的一切都不表现为一种亏欠和补偿，而是悲剧预设的情节和效果：惋惜中的惊叹！

2. 启蒙运动与工业革命狂飙突进：贫乏时代诗人何为？

十八世纪下半叶到十九世纪上半叶是欧洲大变革时期。从英国和法国兴起的倡导以科学和理性思想破除宗教、权力等蒙昧思想为主的启蒙运动直接推动了法国大革命的爆发，并迅速席卷欧洲。深受政教一体和君主制压制的人们的激情和思想活力得到极大的解放。承继文艺复兴倡导的崇尚人性、自然的进步精神，哲学和思想界一度百花齐放，达到了繁荣的巅峰。创新与进步，规划设想人类美好的未来成为哲学家、思想家们探究真理和人类行为法则的共同理想和目标。

与此同时，还有一种崭新而强大的活力在欧洲大地迅速涌起，这就是十八世纪下半叶始自英国的工业革命。与启蒙运动不断探求真理和规则，高扬人类崇高理想的旗帜不同，工业革命进行的恰恰是通过大规模的机器化生产替代人手工生产，在追求产值和利润的道路上大大地向前迈进了一步，让欧洲工业看到了前所未有的光明和出路。机器的生产和普及远比哲学思想的普及还要快，人们看到科学带来的现实利益，于是，科学技术成为企业家乃至国家竞争的主要生产力。

工业革命的潮流要比单纯思想界的启蒙运动潮流强劲得多，不免让思想界的精英们有些失落，特别是面对新思想、新观念的不断出现，传统思想和观念存在的价值受到极大的挑战，人们被裹挟在由工业革命推动的实用主义和功利主义漩涡之中，自我无法驾驭灵魂的走向和生命价值的定位。以上这些现实问题为荷尔德林自己的思想和艺术方向选择提供了参照系。

荷尔德林所有思想和艺术的出发点，都源自他发现的繁荣时代最严峻的问题，即贫乏问题。他曾对自己，也是对时代发出这样的质问："在一个技术和功利占统治地位的贫乏时代，诗人何为？"这是他给自己提出的带有神圣义务和责任感的命题，也是给所有诗人提出的一个带有自我反思和价值确定的严肃拷问。

那么什么才是荷尔德林所认为的时代贫乏？

第一，在重视机器的时代，规则变得局限和僵化，自然建立的崇高规则被打破，人在机器的规则中变得渺小和迟钝。对此，荷尔德林提出重新唤醒人身上的神圣性。在《美侬诔笛奥玛》诗中，荷尔德林写道：

> 我想庆祝，可为何？与人同咏，
> 却如此寂寞地没有任何一位圣者？
> ——《美侬诔笛奥玛》，戴晖译

神圣性的缺席，使得人们的精神平面化、线性化，单薄而脆弱。

荷尔德林认为自己的使命之一就是唤醒人内在的神圣性。这种神圣性就是对美和崇高意识的追求。他在 1794 年 3 月写给好友诺伊弗尔的信中写道："此外我觉得，我们的人民近几年来对在直接实用的维度以外的东西到底多了一些关心，变得较习惯参与那些观念和对象；现在人们毕竟比任何时候更具有美和崇高的意识；让战争的喧嚣去回响吧，真理和艺术将发挥殊胜作用，其范围是罕见的。……即使我们会忘记贫乏的丑剧或者永远沉湎于回忆，如果人类变得较为优秀，如果完全回忆起法的神圣原则和更纯粹之知识的神圣原则，并将永远不会忘记，那会是什么样。"（《荷尔德林文集》，戴晖译，商务印书馆）

第二，启蒙运动以来的理性主义思潮将人带入抽象的空洞之中，人丧失了作为人的丰富情感。对此，荷尔德林提出用诗和思重塑心灵。他在 1794 年 11 月给诺伊弗尔的信中写道："现在我的头脑和心灵充满了我想用思和诗完成的一切，也充满我有义务用行动来完成的一切，后者当然不是单独一人去做。亲近真正伟大的精神，亲近真正伟大的、自主而勇敢的心灵，这击倒我又扶起我，如果我不应最后悲伤地屈服而逃之夭夭，以别的幼稚和软弱之举自我安慰，任凭世界的运化，旁观真理和法的没落和兴盛，艺术的繁荣和枯萎，一切人作为人而感兴趣之物的死亡和生存，人们从他的角落里静观这一切，如果任其发展，则以消极的美德面对人性的种种要求，宁可进坟墓，也不要这种状态。必须从朦胧和微睡中自拔，温和而有力地唤醒半成熟和半死亡的种种力量。"（《荷尔德林文集》，戴晖译，商务印书馆）

这是荷尔德林的行动法则，即用诗与思重塑心灵，体现为情感——理性合一法则，或者叫情感——法则一体化，以便使人从僵化的工具性思维（理性和逻辑，概念和形而上学）中丰满自己，具有自然的神力。这也就是荷尔德林追求的理想的生命状态："与万有合一，这是神性的生命，这是人的天穹。"（《荷尔德林文集》，戴晖译，商务印书馆）

第三，理性和机器都把人束缚在对当下问题的解决上，人丧失了眺望和预见未来的本能，哲学因此变得短视，人因此变得没有远大胸怀。对此，荷尔德林提出了一种为未来目标而思考的哲学，其思考的前提不是探寻万物的原理、规则、知性，而是探索其自由、良心、信仰、义务等人类本质力量的产生规则，并将这种规则由道德伦理上升到人的自然性规则。其在 1793 年 9 月给兄弟的信中写道："你的心的情感成为精粹的、坚定的原则，思想没有扼杀它，而是使它得到巩固和稳定。"荷尔德林在寻找一条由人内心出发抵达至高法则的路径。这条路径的出发点是崇高情感，而使人做出崇高判断的尺度是良心。

他以蒙受母亲伟大而无私的爱为例，在 1795 年 4 月给兄弟的信中写道："我们亲爱的母亲善良使我无限惭愧。假使她不是我的母亲，这份善意不落在我身上，世上有一颗这样的心灵，也一定使我感到快乐。啊，我的卡尔！这为我们减轻了多少义务！如果这一位母亲的关怀没有无穷地增进我们精神的成长，我们一定没有人的心肠。"（《荷尔德林文集》，戴晖译，商务印书馆）荷尔德林因此认为人与人之间最伟大的是这份无私的充满善意的情感，这种情感并不因亲缘关系而存在，即便彼此陌生，我们仍能通过思想、行为感受到，并受其影响，将其转化成自己的精神力量。人唯有如此，世间才能始终保持人类家园的温暖和安详。荷尔德林看到一个完全祥和的世界是不存在的，因此，理性主义者试图把理性和真理相等同的认识就表现出局限性。在荷尔德林看来，人类社会温暖的核心是善与爱，什么时候这两样东西缺乏了，人间就将变成像地狱一样贫乏。人的理智应该体现在对人类伟大情感的呵护和承继上，而保证人类情感不至于堕落的前提是要不断通过规则和自我提升将这一情感的神圣性予以确立。基于人类未来的无限性，这一目标和使命也是无限的。荷尔德林在 1795 年 9 月 4 日给席勒的信中又一次提到他的无限的哲学。他写道："厌恶我自己及周围的一切，这把我逐入抽象之中；我企图发展一种无限的哲学进程理念，我试图表明，必须对每一种体系提出的不可忽略的要求，即主体和客体在绝对之我——或者其他名称——中的统一，它虽然是审美的，在灵性观照中，从理论上却只有通过无限的接近才是可能的，犹如四边形接近圆周，而正如不朽对于行动的体系为必需的，为了实现思想的体系，同样需要不朽。我相信，由此可以证明，怀疑主义者在何种程度上有道理，何种程度上没有道理。"（《荷尔德林文集》，戴晖译，商务印书馆）

第四，启蒙运动以来，颠覆传统成为人们创新的方向标，由于创新行为的盲目与粗暴，导致传统中十分有价值的东西被破坏，造成当代与传统的断裂，比如与古希腊精神的断裂使人们身上的悟性钝化，对自然美和神性的感知世界"沙漠化"，人的心灵和精神陷入"粗暴的黑暗"中。对此，荷尔德林强烈地呼唤在我们心灵中复活古希腊精神，重归伟大而神圣的精神故乡。当然，荷尔德林不是强调守旧与倒退，而是在人们的内心唤醒古希腊那种对自然、责任、牺牲、吟咏的伟大情怀，在我们当下的人身上，以"一切即一"的高远眼光，向天地万物、向古今未来敞开自己的胸怀，抵达天地人神四位一体的纯粹境界。

他在1799年1月1日写给兄弟的信中写道："……啊，希腊，以你的天才和虔诚，你到哪里去了？甚至我，也以良心的愿望，用我的行动和思想摸索着这世上唯一之人的足迹，因为我像用平板的鹅掌踩在现代的潮水中，无力地向希腊之天穹举起翅膀，所以我的言行往往愈加笨拙。"（《荷尔德林文集》，戴晖译，商务印书馆）而在1799年6月写给苏瑟特·孔塔德的信中则写道："我不得不日复一日重新呼唤消失的神性。我思念伟大时代的伟人，他们是怎样，如神圣之火，抓起周围的一切，把世上所有的死者、顽愚及稻草付诸一炬，腾化上天空，然后想起我，我是怎样常常如一盏明灭的灯，为了片刻将黑夜照亮，四处周游而乞讨一滴油。"（《荷尔德林文集》，戴晖译，商务印书馆）

针对先锋类作家提出艺术要表现当下的民族性，创作不可能再重回荷马时代，而是要超越古希腊的言论，荷尔德林回答道："没有什么比学会自由地运用民族性的东西更为困难的了。而依我所见，恰恰是表现的清晰对于我们原本是如此自然，一如天火对于希腊人。正因如此，与其说可以在那种荷马的精神之现实和表现天赋上超过希腊人，不如说在你也具备的美的激情上超过他们。"而就艺术的内在规则而言，荷尔德林看到："生机勃勃的关系和秩序在希腊人和我们这里都必然是至高无上的。"从本己的丰富性方面，荷尔德林认识到，基于匮乏和需要，在自我丰富的进程中，

"希腊人是不可或缺的"。在知性和个性的张扬上，荷尔德林发现古希腊人崇尚英雄、健美体魄和自然的身影虽已远去，却在今天人们的生活中依旧洋溢着鲜活的生命力。从美的角度，荷尔德林也对古希腊做了透彻的研究和思考。他写道："古典的景观给了我一种印象，它使我不仅更理解希腊人，而且领会了艺术的精髓，这种艺术即使在至高的运动中，在概念和一切严肃看法的现象化过程中，仍维持万物的宁静和自由，稳定在这意义上是表现手法的最高品类……我想，我们不会为从古至今包括我们的时代的诗人们做注释，整个吟唱的方式即将采取另一种性格，我们之所以没有盛行于世，是因为我们自希腊人以来又开始用真正原始独具的方式来吟唱，它是祖国的自然方式。"（《荷尔德林文集》，戴晖译，商务印书馆）

3. 思维与存在的冲突撕裂一体性：人当归于物还是美？

人是天地人神的综合体，人是思维与存在的统一，人创造美和艺术，并因此成为世界最高的主宰者，人并不是理性的囚徒、概念的随从、自然的附属物，人用伟大的情感和无限的感应能力使万物生辉。这是人应当成其为人的目标，也是自觉行动的内在动力。当荷尔德林质问自己"贫乏时代诗人何为？"时，他也是在质问："贫乏时代人当何为？"荷尔德林在 1793 年 9 月写给兄弟的信中写道："人们如此热情友善地与万物相接，而参与一切，并不满足一个人，他要一位，一位朋友，我们的心灵在朋友中再

发现自己，并且感到快乐。我应向你承认，我很快就要超出这个
阶段。我不再如此热衷于个别的人。我的爱是人类，不过不是腐
败、奴性和懒惰的人……但是，我热爱在堕落的人中仍存在的伟
大和美好的禀赋。我爱将来世纪之人。这是我的最幸福的希望，
使我保持坚强和活力的信仰，我们的子孙将比我们更好，自由一
定会到来，而美德在神圣而温暖的光明中将比在专制的冰冷地带
成长得更好。我们生活在一个万物朝着美好的明天而努力的时期。
启蒙的萌芽，这种个体向人类之教养转化的宁静的希望和奋斗，
将遍布四方，茁壮成长，并且结出灿烂的果实。看！亲爱的卡尔！
这是我的心所牵挂的，这是我的希望和行动的神圣目标，即，在
我们的时代唤醒将于未来成熟的萌芽……啊！但愿我找到一颗心
灵，他和我一样，追求那一目标，这颗心对于我神圣而珍贵，是
超越万物的至尊。而现在，心灵的兄弟！那一目标，人类的教养
和改进，那一目标，在我们此生也许实现得并不完满，但是，在
我们的作用范围内做的准备越多，就越容易在更美好的后世实现
它。"（《荷尔德林文集》，戴晖译，商务印书馆）

这封信里透露出荷尔德林的理想和信仰，即唤醒人类未来美
好教养和伟大禀赋的萌芽。他从古希腊的英雄、智者和众神中萃
取人类精神和品质的精华，从基督教中萃取人的责任感和献身品
德，以此作为自己乃至未来人类的精神本质和目标。这里面涉及
神圣、至尊等与宗教性概念相关联的词汇，我们要清楚荷尔德林
并非在宗教的意义上谈论神性，也不是在一般的道德层面谈论神
圣性。从这封信里，我们确切地了解到荷尔德林奉为神圣的是那
颗对人类未来和伟大禀赋充满爱和礼赞的心灵。这个神灵非宗教

的神，神圣代表至高无上，体现在他自身意识中则是终极的目标和不可动摇的行动。因此，这颗心灵是高于万物的至尊。这个至尊仅仅对奉持神圣心灵的荷尔德林而存在，他皈依这个至尊，并让自己在任何时候都能听命于他的导引去培育和壮大神圣心灵的影响力。同时，他也希望每一个个体像自己一样如此感悟和自醒，而让人类社会始终都葆有伟大的激情、伟大的创造力和令人自足的幸福感。

丰盈、激情、智慧、自由，这是美的人生，也是理想的人生。哲学是枯燥的、强迫的，人需要通过哲学的桥梁，走进丰饶的自然，唯此，人才能走出自我设计的理性牢狱，走出孤绝和凄凉，进入火热而美的世界。他在1796年2月24日写给伊曼努埃·尼特哈墨的信中谈到对哲学的态度，他说："你建议我勿陷于抽象，就像从前我溺于其中绪不宁时你给我的建议一样，这些建议在今天对于我诚为可贵。哲学是一位暴君，与其说我甘心臣服于他，不如说我容忍其专横……在哲学书信中我想发现这样的原则，它为我解释我们思维和存在的差别，而且它也有能力消除主客体之间的冲突，我们自身和世界的冲突，当然还有理性和启示之间的冲突——从理论上讲，在灵性的观照中，消除这些冲突无需我们实践理性的帮助。为此，我们需要审美的性情。"（《荷尔德林文集》，戴晖译，商务印书馆）

把对世界的认知转向对人和世界关系的认知。按照至高的审美情感，从一体的角度，重新构建心灵的空间和秩序。如果问这件事以前谁曾做过？毫无疑问，那就是古希腊的众神。这种存在毫无疑问在机器、技术和纯粹理性中都无法达到。实用主义把人导向物，而人们追求的最高目标应当是美。所以，这一人生路径只有通过诗抵达。诗是激情和秩序的综合存在，是体验、现实和感悟的综合体，是人丰盈、活力的灵魂写照，是本真生命的体现。为什么说哲学是暴君？在荷尔德林看来，哲学的"强权"体现在对规则规定的有限性上，仅适用于解决普遍性问题，不适于解决人个性化自由意志支配的问题。荷尔德林在 1796 年 6 月 2 日写给兄弟的信中，详细地阐述了他关于理性和知性的认识，他写道："理性提供根据，而知性把握理解。理性以它的原则、行动和理想的法则提供根据，它们只是关涉人的普遍矛盾，即对绝对的追求和对限制之间的矛盾。然而，理性的原则本身又由理性来论证，而包含于理性原则中的应该以这样的方式依赖于（理想的）存在……正如理性按照理想构成它的法则，同样知性按照这些概念形成它的准则。这些准则包括规范和条件，在此之下，任何行动或对象都必须服从那些普遍概念……普遍概念……不处在自由意志的支配之下。服从于普遍概念的行动：占有某物。"（《荷尔德林文集》，戴晖译，商务印书馆）普遍概念的行动将人们导向"占有某物"，这便是哲学暴君的强权体现，也是哲学成为人类心灵自由的桎梏体现。但世界总是伴随着哲学而存在，而荷尔德林决心要在哲学之外走自己的路。他在信中继续写道："让世界走它的路，如果它不能停下的话，我们走我们的路……我希望这个夏季比以往更有作为。从我们的本质中创造出一些东西，当我们离去，它们留存。原本唯一是这种冲动将我们系于此生。"（《荷尔德林文集》，戴晖译，商务印书馆）

　　历史过时了吗？是否在世上存在古老不变的东西？我们不断

地追求创新就代表灵魂的深度和广度吗？是什么真正将我们逐出安乐的家园？是大地吗？是日月吗？还是我们不安的心和无限膨胀的欲望？我们不曾发现缺失的热情和高尚情怀从未远离我们，而是我们自己容忍它们在心灵中沉睡，对此我们要做的就是将它们唤醒、培育和壮大。

诗不是作为语言存在，而是作为心灵事实和现实行为而存在，是作为生活的形态而存在。它并不是创造出来的，它是映现出来的。荷尔德林在 1793 年 7 月 21 日写给诺伊弗尔的信中说："在作品中我真正地生活并且操劳。"

这是另一个真理，即人尊严而荣耀地存在，人当自由而优美地存在，人当诗意地栖居在大地上！

有人认为荷尔德林的"诗意栖居"包括了游戏性，殊不知，这恰恰是荷尔德林反对的，他在 1799 年 1 月 1 日写给兄弟的信中对诗意的本质做了明确的界定。他写道："诗以与游戏不同的方式团结人；在他们真正存在和真正发挥作用时，团结他们，带着所有纷杂的苦难、幸福、追求、希望和恐惧，带着他们所有的见解和谬误、美德和理念，带着他们中间的一切，伟大和渺小，渐渐地统一为一个生生不息的条分缕析的深情之整体，显然，正是这应该是诗本身。"（《荷尔德林文集》，戴晖译，商务印书馆）

荷尔德林从康德那里获得立法和合一性启示，并打破纯粹理性的桎梏，将激情融入其中；他吸收费希特知性理论，将心灵的丰盈看作世界一切美的集萃，又超出了费希特对狭隘知性的界定。他更是从席勒的自然主义中获得启示，将自然提升到人的自然。为了不至于让自己的规则滑入空洞或虚无的世界，他将呈现的目光对准平庸的生活，他并没有高贵的生活，尽管他内心真正热爱的是高贵的生活，而是选择他"过分回避的平庸生活"（普通生活），这样，他就巧妙地将务实主义和唯物主义的观点纳入自己艺术表现的法则之中。他在 1798 年 11 月 12 日写给诺伊弗尔的信中说："纯粹只能在非纯粹中呈现自身，如果你试图丢开庸俗而表现高贵，高贵将作为最不自然的、最不协调的伫立于此。"（《荷尔德林文集》，戴晖译，商务印书馆）

的确，深层地说，荷尔德林并没有多少绝对的创新，他在整合与集萃，他在捍卫已有的好的东西，特别是古老不变的东西。他在小说《许佩里翁或希腊的隐士·倒数第二稿》的序中直言："我最不情愿的是，它新颖独特。原创性对我们来说就是新奇；而对于我没有什么比和世界一样古老的东西更可爱。"（《荷尔德林文集》，戴晖译，商务印书馆）

4. 美的王国守候着我们：人何以荣耀地生存其中？

荷尔德林的诗体小说《许佩里翁或希腊的隐士》描绘的是一个人在美的王国须经历的成长路线图。

第一，继承那古老的、自然的基因，那使我们生而为美的基因，它来自两个方面，一个是古希腊，一个是自然。

"祖国大地又给我欢乐和哀痛。"

祖国不是指国家，而是指世间美的世界。因为爱而"欢乐和哀痛"。神圣在何处隐微？就在"欢乐和哀痛"之中。尽管这二者无常无止，但人类追求其而存在却也无有疲厌。这便是爱的态度，人依存于美的祖国和大地，倘能安居，人就获得了至福。

"倘若早一千年站在这儿，该使我多么高兴，尤其是其中的一个海湾。"

荷尔德林在《许佩里翁或希腊的隐士》小说中呈现了一个地理位置，就是古希腊的哥林多城，位于哥林多地峡的西南部。高山与大海是荷尔德林向往并歌颂的自然。这两个自然事物象征着他心目中崇尚的古希腊的两种精神：高山象征着神圣，大海象征着智慧。由神圣和智慧统治的自然才是欢乐的阳光居所。在他的精神追求以及他对人类未来图景的描绘中，古希腊的哥林多城就是一个理想的范本。

古希腊的哥林多城是一个人神同居地，古希腊神话中，英雄伊阿宋就出生在这里。公元前3000年，这里就是商贸文化极其繁荣之地。尽管他曾无限辉煌，但也是万分痛苦。后来，战争毁灭了这里的一切。但毁灭者的后裔凯撒大帝借着对这座城的崇尚，重建哥林多城，这座城居然再一次繁荣，并成为罗马帝国的荣耀。但毕竟随着时间的迁流，这座城和它的子民也都发生变化。这座神圣的城曾极度崇拜物质、性欲和偶像，其爱神庙的妓女接受供奉。在物欲横流的时代，又一个秉持神圣精神的人来到这里。这个人就是使徒保罗，并带来了《福音书》。

荷尔德林心目中四位一体的生活原型就是指哥林多的生活。他努力守护的美的家园也就是像古希腊哥林多城这样的充满信仰、自律、丰饶、自然的人间国度。正如他在小说中表述的那样："是的，忘掉还有人存在，饥渴、迷乱且被千万次激怒的心！重新回到你的肇始之处，自然的怀抱，这无变、寂静而美的自然。"
（《荷尔德林文集》，戴晖译，商务印书馆）

第二，我们要度过最好的童年，保护我们的天性和纯真不受损伤，并展露无遗。但童年毕竟力量薄弱，我们需要强大，成为美的守护神，就必须自我丰盈，敞开胸怀，向大自然学习力量和至高的法则，向古希腊学习英雄的胆识和智慧。

除了自己之外，我没有什么想说的。

"我的所爱死了，天高地阔，杳无音信。"

这是时代贫乏的征兆和现实，既然时代不可依赖，就只能依靠自己，依靠"天高地阔"的自然，作为古老的法则，自然法则还依旧神圣而有效。时代的堕落并没有妨碍自然的公正、生生不息、光明和寂静，就此而言，自然没有变化。为此，他歌赞道："可你依然照耀着，天上的太阳！你依旧青绿、神圣的大地！泉流喧腾依旧奔向大海。而正午树荫在低语吟唱。春天的极乐之歌将我尘露般的思想催入梦乡。永生世界的丰满哺育和陶醉我焦渴的心灵。"（《荷尔德林文集》，戴晖译，商务印书馆）

自然永远给予我们力量、信心和归处。而这些，机器技术是无法带给我们的。人此时对自然的爱与原始蒙昧时代的单纯依赖不同，此时的自然是人对抗机器技术时代的一个美的王国，是人走向自由和至乐的最高法则和目标。自然不再是外在的自然，更是人内在的自然，人通过将心灵的向往和行动内化为一而获得存在的自足。他称其为"与万有合一，这是深星的生命，这是人的天穹"。荷尔德林在小说中借主人公之口，抑制不住兴奋地说道："啊，至乐的自然！每当在你面前抬起眼睛，我不知道怎么了，

而天空所有的乐趣却在这眼泪中，像爱人面对着爱人，我在你面前哭泣。"（《荷尔德林文集》，戴晖译，商务印书馆）

但这样的自然，我们今天回不去了，成了"异乡人"。为什么回不去了？为什么成为异乡人？既然自然从本质上没有改变，规则没有改变，我们为什么回不去了？这是因为，人发生了太大的改变，回不去不是自然抛弃了我们，而是我们抛弃了自然。面临教育、科学、技术、理性、规则等广泛影响，人越来越丧失自然的本性，也使得自然的神性被理性所改写，甚至取消，在人的眼里，自然不再是美的自然，自然成为一个系统、物质和推演的复杂公式，曾经携带我们飞翔的自然神性"收敛了翅膀"。自然的对立物在这里逐渐明确下来，就是科学和教育，荷尔德林写道："唉！但愿我从来没有走进你们的学校，科学，我追随它走下隧道，带着青春的憨愚，期待证实我那纯粹的欢乐，而它败坏了我的一切。"（《荷尔德林文集》，戴晖译，商务印书馆）

基于对教育的怀疑和否定，荷尔德林认为人的自然神性不可能通过教育获得，它潜藏在孩子身上。人秉持自然天性的成长就是要在孩童的心灵中葆真和蓄养。童年是一个美学概念，是一种精神原形，具有以下几层深意。

① 童年的宁静在成人身上是一种失而复得之物，来自心灵经历的诸多磨难以及思想带来的诸多痛苦，恍然忆起孩提时代一无所有多好。

② 童年的天然纯净，没有染上人变色龙般的逢迎善变的颜色，他就是一个神性的生灵。

③ 孩子依从本性行事（如是），法则和命运对他无效，天然

的自由唯独存在于孩子身上。（他完全是他所是，因此才这样美。）

④ "在孩子身上还存在和平、梦想和对未来的期待与信赖；他还没有自相崩离。宝藏在他身上；他不认得他的心，这生命的困乏，他不朽，因为他对死一无所知。"（《荷尔德林文集》，戴晖译，商务印书馆）

⑤ 在神圣缺失的时候，孩童即神圣。神圣来自生成，这和神圣来自先知不一样。荷尔德林说："神圣必须生成，像人那样，必须得知他们也在此。"（《荷尔德林文集》，戴晖译，商务印书馆）为此，我们不是渴望朝圣，因为，神圣已经被自然逐出天堂。我们需要靠自己的力量唤醒它。我们与神圣一同苏醒。

第三，美的世界如果停止了创造也会衰落，所以，作为王国的子民，必须具备创造美的能力，具备发现和感悟美的智慧。

荷尔德林认为人在自然面前是渺小的，和自然的丰盈、神奇相比，人的力量微弱不堪。而技术时代的人们更是被机械的僵化的感觉所桎梏，人丧失的是对自然的感应能力和审美创造力。这种贫乏归结为精神的贫乏。年轻人耽于眼前的快乐和时尚，他们不愿朝着自然深处走，而荷尔德林自身却体验到置身自然之境的奇妙感受。他写道："而我曾躺在花丛中，沐浴着温柔的春光，仰望碧空，它的蔚蓝拥抱着温暖的大地，我在榆树和柳树下，坐在山的怀抱中，清新的雨后，树枝仍在为天空的抚摸而震颤，金色的云浮游在挂着雨滴的树林上空。或者，充满和平精神的星星升起在夜空，伴随着远古的少年，天空中残存的英雄，我观望着生命在它们如何以怡然的秩序穿流于天空，而世界的宁静包围着我，我欣然凝神细听，不知道自己怎么了——'爱我吗，慈祥的

天父！'我轻声问道，心中感到他的回答如此确切，而我如此幸福。"（《荷尔德林文集》，戴晖译，商务印书馆）

荷尔德林认为人应向自然学习创造美的能力，并通过幻觉（诗意）的方式进入到神圣的境界之中。自然的创造力应在以下几方面得到展现。

① 在艺术越来越趋向形式主义和技术主义的潮流下，美的最高形式是自然。

② 自然美拥有提升人灵魂的能力和魅力，在那里，不仅有自然的生机，也有"远古的少年"和"残存的英雄"。这样的自然美已经是荷尔德林再界定了的自然美，是合乎他认为崇高和神圣标准的自然美。

③ 自然美构筑的是天地人神和谐共处的秩序，而不是狭隘的个人情绪的产物。因此，作为美的最高形式，自然美超出一切人为之境。

④ 自然的创造力是一切创造力之源。艺术创造必须向自然学习。因此，自然的创造力堪称"慈祥的天父"。这里的天父不是上帝，而是指具有无穷创造力的崇高自然法则。

⑤ 崇高的自然美需要守护，一如在废墟上探寻守护神。每个艺术的创造者都当以"废墟上的守护神"而自我勉励，这需要具有一种柏拉图式的爱——相同者相交游，是欢悦的；而伟大者辅助幼小者成长，是神圣的。

⑥ 自然与心灵，古老和当下，神与人，万物和情感都赫然显现于人的感悟和发现之中，并在感悟和发现的瞬间达到统一。为此，发现和感悟是荷尔德林脱离平庸、走向神圣的路径。人在

自然中能够发现"神圣"，人又能在其自身中体悟到这种"神圣"，至此，人实现了天地人神的一体。

5. 从敞开的欢愉到本己的痛苦："归乡"之路在何处？

荷尔德林试图通过诗歌消弭内在的冲突，但事实上他处于不断的自我拯救之中。他一度把抵达自然奉为至乐，但这份欢欣的心情经不住现实的打击和考验。所以，他摇摆于两种力量之间，一种力量是古希腊自然神性，引导他朝向澄明与自由；另一种力量是隐忍和受难，引导他朝向基督教的自我救赎。他试图让自己的精神足够强大，但现实使他极度敏感和脆弱，用他自己的话说就是一个"文弱的书呆子"。但是，他身上的确有一种由于单纯而存在的"迂腐"。包括在艺术上，他一方面努力强调个性的价值，一方面又试图构建被普遍感知的"共性美"。这无法掩盖"个性的缺陷"。对此，他自己也看到了。在 1798 年 11 月 12 日写给诺伊弗尔的信中，他对自己的问题做了如实的反思和剖析。他写道："我缺乏的与其说是力量，不如说是轻灵；与其说是理念，不如说是微妙的变化；是主调，不如说是跌宕有致的音调；是光明，不如说是阴影。而所有这一切出自一个原因：在现实生活中我过分回避平庸。如果你愿意，我是一个真正的书呆子。然而，如果我没弄错，书呆子们一般都冷漠无情，而我的心却如此急于在月光下与人和物相交融。我几于相信，我是由于纯粹的爱而迂腐。我羞怯，并非因为我害怕现实干扰了我的自我，但是，我羞怯，是因为担心现实打扰了我借以将自身与他物相联系的情志之关怀；我担心，心中火热的生命在白昼的冰冷历史上冷却，而这种忧虑来源于敏感。对从青春时起摧残我的一切，我比别人更加敏感，其原因在于，在与我不得不经历的经验的关系上，我没有把自身锤炼得足够坚实和不可摧毁。"（《荷尔德林文集》，戴晖译，商务印书馆）

我写这篇文章的目的就是要拨开笼罩在荷尔德林身上的神性面纱，不管他对于艺术有怎样的见解，现实生活中的荷尔德林，其实毫无神性可言，而他所提出的"天地人神"一体化的理念，对我们一点都不新奇，因为早在2500多年前，老子就提出了天人合一说，后来的庄子更是以庄周梦蝶呈现出忘我无我的自为境界。不过，我也十分敬佩荷尔德林在诗歌写作上对形式、语言、表现方法的巧妙把握。实际上，荷尔德林是一个善于处理题材和形式之间关系的诗人。在他的作品中，他很好地针对不同的主题和题材，选择了与之相匹配的形式。比如，为了表现一个人更为宏大的成长历程，他选择了小说的形式，并且为了展示自己的思想，他模仿歌德的《少年维特的烦恼》，采用了独白式的书信体。而为了展现他对古希腊诗性和自然美的回归，他写了长诗《归乡》，并且为了突出他心目中的古希腊不是一个历史的概念，而是一个美学的概念，不是作为一个经验而存在，而是作为一个先天的规则而存在，或者作为先天的感悟而存在（来自康德的理念），荷尔德林改变了古希腊的存在空间，在地理上将古希腊的哥林多地峡变成阿尔卑斯山。这些设计和规定与康德对"空间"的定义相吻合。康德认为空间来自个人的主观设想。康德把空间定义为：

① 空间不是一个从外部经验得来的经验概念，正相反，这外部经验本身只是通过我们所设想的空间观念才有可能。

② 空间是一个必然的、先天的观念，它是一切外部直观的基础。空间中的对象必须依赖于空间而存在。

所以，古希腊和阿尔卑斯山都是荷尔德林为了直观现象而设定的"空间"，有了这个空间，艺术才获得叙述或吟唱的形式。同时，古希腊不是指过去的东西，在时间上，它是当下的。这也是来自荷尔德林的规定。他强调："啊，你对我是永远的现在。"显然，这种时间观不是历史性的认识，或笛卡尔的绵延，而纯粹是康德的理论，即时间不是从任何经验中得来的经验，时间不是一个推理的概念，或所谓一般的概念，而是感性直观的纯形式。

荷尔德林尝试运用不同的题材写作。比如运用古希腊神话题材，写了悲剧《恩培多克勒斯之死》，针对基督教题材，写了长诗《帕特默斯》。当然，荷尔德林有他自己的创作原则。他在1799 年 7 月 3 日写给诺伊弗尔的信中写道："我想有机会和你谈一些我写《埃米莉》时所用的方法和风格……我在意的并非新颖的外表……别因此就相信，我挖空心思臆造一个独特的形式搁在面前；我检查将我引向此物的情感，并且自问，我选择的一种形式是否与理想，尤其是与所处理的素材相矛盾……就像我们处理的任何一种稍微现代一点的素材，我们也必须放弃旧的古典形式，这些形式与它们的素材在情志上如此相吻合，以致对任何其他素材都不适宜……形式服务于灵魂，像一个有机结构，形式原本从灵魂中培养出来。"（《荷尔德林文集》，戴晖译，商务印书馆）

分析《归乡》一诗，我们能够更好地看清荷尔德林在处理精神和素材关系上的效果。

《归乡》从精神上看是一首再生和永恒的诗歌。再生是基督教的理念（基督复活）；永恒是古希腊的理念（自然美和真理永恒）。荷尔德林写《归乡》时，正处于浪漫主义运动初期，诗人对科学和技术的进步充满了质疑。基于对传统的留恋，放大了自然和农耕生活的诗性意义，认为人类在追求科技的过程中，丢失了自己的归宿和家园，丢失了赖以生存的自然，人变得日益功利、自大、不敬，人在自我放逐中失去了神的庇护。而导致这一结果的不是别的，正是启蒙运动以来的理性思潮。荷尔德林一度是康德和柏拉图的追随者，后来受席勒影响，转向追求自然主义。在精神和艺术上，认为古希腊是欧洲人的精神故乡。在他身上，不能说他是一个反理性之人，但是他把理性降到次级，认为情感（道德）、梦想（对理想的感悟）才是最高级的。他认为理性不是万能的，相反理性限制了人本性的发挥，人应该在自然、诗的层面激发内在潜能，用美的原则为世间立法，以此，将人从技术和机器中拯救出来，使人成为高尚的人。荷尔德林没有看到科技和理性推动了欧洲乃至世界快速发展，而是对科技规则对自然规则的颠覆极度不适应。人类已经按照自然法则生活了几千年，痛苦并没有减少。就算没有科技，在古希腊人们也发明了冶炼技术、造船技术，人们用最原始的法则——战争解决争端。而在匮乏的物资面前，人们穷困潦倒，病魔横行，不安与灾难从来没有离开人类半步。荷尔德林忽略了科技发展潮流在人类历史上的必然性，而把希望的目光投向过去——古希腊。事实上，不管荷尔德林多么真诚，诗句多么动人，人类都不可能往回走。时代的绵延，注定历史不可倒流，"故乡"回不去了。

《归乡》是一首主观且充满强烈情绪的诗歌，基本是浮想式的，而不是事件式的。因此，感受和观念成为这首诗的内在推动力。诗人饱满的情绪来自他假想的听众或对话对象，即"亲人"。这里"亲人"并非指具体某个人群，荷尔德林把大地上的人类视同亲人，正如上帝视人为"孩子"。这种情感的预设包含了责任、义务，也因此让荷尔德林从一个孤独的诗人升级为一个"引导者""领诵者"，甚至"唤醒者"。在现实面前，他的美好愿望成了他受伤的前提，在他还清醒的时候，这种打击无时不吞噬他的信心。后来他精神崩溃不是偶然的，而是必然的。

《归乡》是一首任何时候都会令我们感动的诗，就此而言，荷尔德林是成功的。因为，无论科技多么发达，我们都必须依赖自然活着。荷尔德林在诗中展现的自然的静谧、丰富和饱满，光与水等供养万物生灵的无私都是值得永远礼敬的神性。同时，人必须有尊严地、安详而喜悦地存在于世，这是在任何时代都不会过时的生存准则和目标。我们需要这些美妙生活持久地伴随，就必须有法则的庇佑，确保维系我们生活幸福的光环不被打破。就以上的吁求而言，这首诗虽为浪漫主义的作品，但今天读起来仍不过时。不过，我们今天看到它的价值不是作为指导纲领（正确），而是作为吁求和提醒（呼唤），这首诗仍具有十分重要的意义。特别是，自荷马之后，行吟诗歌日渐衰落，咏唱式的诗歌除了在赞美诗中还存在，在其他的写作中很少被重视。荷尔德林恰恰将这种近于失传的吟咏调式复活。他在1802年11月写给C.U.伯伦朵夫的信中说道："我想，我们不会为从古到今包括我们的时代的诗人们做注释，整个吟唱的方式即将采取另一种性格，我们之所以没有盛行于世，是因为我们自希腊人以来又开始用真正原始独具的方式来吟唱，它是祖国的自然方式。"（《荷尔德林文集》，戴晖译，商务印书馆）

不过，荷尔德林之后，诗人们似乎受其影响，患上了"怀乡病"，诗人们将《归乡》视为一种抒情模式予以模仿。荷尔德林的"归乡"具有多重蕴意，是建立在哲学思考上的，而后来的诗人们的"归乡"乃至"怀乡"是浅薄的对故土情感的流露。在荷尔德林《归乡》这首诗里，写了人神共居的故乡盛景，即阿尔卑斯山的夜景。从理想的故乡——古希腊看，人神共居地应当是阳光普照的，但当下，时代进入了黑夜阶段，即便是黑夜，神也眷顾这大地上的生灵。这里存在三重空间的叠加，一个是当下：阿尔卑斯山代表了欧洲；一个是古希腊：阿尔卑斯山代表了神圣的自然；一个是未来：阿尔卑斯山的静谧祥和酝酿的梦想是对未来的预言。三重空间合一，在此，也凝聚着三重主体。一个是诗人自己，他将自己的生命升华为欧洲未来的预言者地位，阿尔卑斯山的永恒为他内心构建了不朽的信念；一个是大地上的居住者，众生此时此刻，乃至过去未来，都将依偎在阿尔卑斯山的怀抱（并不关乎人们从这里获得怎样的生存空间和条件，而是一种形式上的必然选择）；一个是掌控阿尔卑斯山命运的众神，他们如同星辰一刻也没有缺席。荷尔德林通过这多元的构想，期待自己能够生活在这样的图景之中：人类靠着众神（正直、激情和勇敢）以及自然规则（公平、公正）互不干扰地在大地上劳作、歌舞、休息，即诗意地安居。这是德国版的《桃花源记》。

6. 结束语：警示与觉悟

其实，反对科学、技术的诗人不只是荷尔德林一个，现代派艺术的核心就是对峙机器和工业化时代的。诗人和艺术家以前所未有的表现力和方法，展示了人捍卫人本性、尊严的决心。在这方面，客观地说，荷尔德林并不是最突出的。所以，他一度被埋没也是有其自身原因的。德国在发达技术的推动下，野心日益膨胀，先后发动了第一次、第二次世界大战，不仅将德国，也将世界带入到前所未有的战争灾难之中。这些灾难后来成为人们检视荷尔德林诗歌价值的佐证。荷尔德林在世界文学史上的地位日益被重视，也许正是因为他那对人性的洞见以及对人类生存规则的洞见为世人不至于迷失归途确立了永恒的警示碑。

当然，我们不会陷入对荷尔德林梦想的迷恋之中，这也让我们对他的思想和诗性在今天的价值进行思考和怀疑。

问题一

自然的重要性是否需要提升到神性的高度？神凌驾于一切常规条件之上，但自然是常规。自然的神性化并不稀奇，同时，也未必有效。

问题二

自然的神性是相对于技术至上提出来的，更像是一种批判的策略，自然没有一成不变的自然，包括它的规则。自然的规律不断被人认识和利用。事实上，正是基于对自然的热爱，才开启了人的智慧，探究它无穷的奥秘。自然从未完成，也从未具有不可认知的神秘性。自然的神性是诗人自封的，是自我构设的理想形态。自然的神性已非自然本身，而是一个诗性的存在，或一种精神的存在。

问题三

今天，有一个事实就是，凡是固守农业文明，与全球化时代相脱节的国家或地区都落后，包括美国的西部农牧地区。事实证明，人们利用科技已经大大改善了生活条件。如果我们把捍卫自然法则当作人类的终极目标，等同于放弃对自然之外其他领域的探索，但谁又能否认科技是自然之力的一部分呢？

问题四

诗人写作以及精神的完整性是否一定要依赖某个荣誉？诗人能否从自身萌发出写作的动力呢？语言的祖国是一个形而上的祖国，是一个唯美的乌托邦，但这样的祖国能满足我们现实的写作需要吗？因为荷尔德林精神的最终崩溃，让我们不得不在思考他的贡献的同时，思考他的有限性和精神缺陷。

问题五

"天真无邪"和"智慧"，我们更想要哪一个？

首先天真无邪（孩童）不同于智慧，至少不全等同（返老还童）。天真无邪表现为善良、单纯、无害、欢喜等情感和心灵特征。而智慧则表现出认知、驾驭、担当、自在、自足等心灵特征。天真无邪仅表现出美的天分特质，从力量上来看，天真无邪是弱的，是衡量孩童的标准；而智慧在天分上增加了创造力，更适合作为衡量成人的标准。

显然，没有天真无邪，智慧就可能是一个迈向错误的捷径；但仅有天真无邪，人可能就是一个长不大、不成事的顽童。荷尔德林强调了人的成长性，希望人能自我成长，即从天真无邪到智慧、由顽童到有崇高责任感的美的创造者和主宰者。

不过我们也发现，在荷尔德林那里，"天真无邪"也并非单指孩子的天分，而是包括了基督教中的"天使""童真女"，古希腊众神的光明，自然的无私以及人被良心滋养的心灵等多重意旨。他通过萃取与合一的方式将这些美德集于一身，这本身就是一种智慧的表现。可是，这一点人们以往并没有注意到。

问题六

诗人的担当是否是一定要做先知？

先知，是神对人优越存在的化身，也是人迈向神必须抵达之境。从古希腊和基督教中，我们都能找到先知的原形。诗人、预言家，这是老套路。基于古希腊诗人的重要地位，先知型一直是人赞颂的对象，从荣誉上来看，只有先知才配享受被雕刻在大理石碑柱上的荣耀。这成为荷尔德林定位自己写作的参考系和坐标系。我们看到，尽管后期他的精神受到严重伤害，可是做先知的愿望并没有减弱。不管怎么说，荷尔德林都有着强烈的做先知的意愿，否则，他就不会写出《帕特默斯》。

就让我用荷尔德林《帕特默斯》中的一段，来结束这篇文章：

因为神人或人，

必须把握所有苦难。

他孤独地听见，或是他自身，

已变化，远远预感到主的玫瑰。

2018 年 12 月 30 日—2019 年 1 月 6 日于滴水斋

做个文人有多难

　　文学是一个民族的灵魂肖像，是一个民族共同的记忆。大潮汹涌时，其中之人若无逆流观瞻或于险急处注目的勇气，是无法看到大潮真相的。所以，文人自古就是一个危险的职业。文人命运多舛，归结为不愿顺流合污，性子烈，骨头硬，脾气倔。人们对文人投注仰慕和尊重，认为是正气、良知的代表，皆因为文人可以舍身为天地立言。

　　从世俗的角度看，文人多半是一些有个性和乖僻的人，常人难以理解。但从文人的角度看，好的文人就是那些一生忠实于个性和癖好不改的人。比如嵇康清高、陶渊明淡泊、李白狂傲、柳永风流等。文人的标准不是完美，而是独特、有趣。大凡人做得周正规矩，文也不会有特色。站在文的角度看文人，文人的职责有两个，一个是破坏规则，另一个是建立规则。按文法写作的文人大多是二流、三流文人，好的文人是那些敢于破除一切既有规则的人。文人若没有这个气量，就不能算作文人，只能算作文客。客者，外人也。外于独创，外于个性，外于别样。不破不立，独特别样的创作才是文人所为。文人要写得与众不同，也必活得与众不同。文人生活有些出格的举动是正常的。苏轼拜访王安石时，王安石说过一句话："礼数岂是为吾辈而设！"什么时代，文人行为不出格，可以肯定这样的时代文学不会有多大成就。同样，一个时代如果能够宽容、接纳文人的出格行为，也表明这是一个开明、开放的时代。

文人在古代泛指知识分子，社会给予文人更多参与发挥自身才智的机会。文人的价值不仅用作品来标志，也用参与社会工作的成就来标志。比如参政、著史、教学等等。文人的个性因从事的工作性质和影响而得到更广泛的延传。其中文人的品格、性情和遭际成为文人除作品之外遗留给后人的宝贵财富。今天，我们怀念、敬仰历史上一些有成就的文人，不是因为他们曾身居显贵，而是因为他们正直、忠诚、智慧、洒脱的人品与精神。

但文人的价值主要体现在其文学创作成就上。文人的价值不是靠权贵裁定的，而是靠时间裁定的。因此，我们得以看到很多不为权贵势力所推崇的文人，甚至遭到权贵迫害、排挤的文人，日后却名留青史。文人的这一特点助长了其自身的放任，一代又一代文人相继传承了不为五斗米折腰、不畏权势、不媚世俗的傲骨和傲气。文人的这种价值坚持是建立在道德批判和个性自由选择之上的。从汉代潘岳著《闲居赋》开始，甚至更早于战国，庄子著《庄子》开始，文人的精神自觉就已经形成。正是对个性和自由的信赖和崇尚，文人有意无意地把自己和权贵生活相对立，和投机逢迎相对立。如果说权贵和逢迎代表主流生活的话，那么文人更愿意选择别样的生活，即在物质和精神的获取上，更倾向于精神上的恣肆放逸和纵情。

由于文人选择别样的生活，不从众、不媚俗，所以文人有与众人不同的幸福感和存在感。一个自足的文人一定是自安的、自为的、自在的。陶渊明就是最好的例证（我说的文人不包括文人

中不齿的人，这些人我都当他们是文客）。文人在对抗权贵生活
的同时，也在努力让自己有别于其他文人。苏轼有一次就对着朋
友说："我比柳永如何？"杜甫在语言的精工细巧上要比陶渊明
有更大的贡献，同时，相对于陶渊明的自娱而言，杜甫有更大的
悲悯情怀。杜甫内心是有做中国历史上最"牛"诗人抱负的，所
以他会写下"会当凌绝顶，一览众山小"的诗句。现代诗人废名
纵观古今文人皆慕名声，遂要做一个特别的文人，给自己起了"废
名"的笔名。中国文学不是起于行吟文学，因此，中国的文人并
不追求流浪的生活。相反，在追求个性和自由方面倾向于"隐"。
"隐"不是逃避的方式，而是安居的方式，包括身安和心安。中
国文人也不是尼采所赞赏的生命挥霍型的，而是精神修炼型的。
他要做的不是挥霍生命和才华，而是守护与聚合，守护的是自身
品行的独特与纯洁，聚合的是天地浩然正气。

　　文人在今天特指从事文学创作的人。从知识分子的构成上看，
文人占知识分子的比例越来越小（诗人中民间与知识分子之争，
代表了部分诗人要和知识分子划清界限的意愿）。随着社会分工
的变化，文人已不占据社会意识形态的制高点，渐渐成为社会边
缘化的群体。文人的价值在今天面临全面的重估。首先，文学的
不朽性（经典）正被网络文化和消费文化颠覆，文学作品的可替
代性增强。文学作品的产出量是惊人的，在浩如烟海的作品中，
哪一部卓尔不群、出类拔萃？实在不易辨析和遴选。另外，文学
出版印刷商业化行为，也让文学的独立价值受到影响，商业化参
与的文学作品也必将在其呈现上兑换掉它需要偿付的商业利益。
这使得文学的永恒性被当下的收益所稀释和取代。文人在巨大的

商业利益推动和裹挟中，想要独善其身是艰难的。绝大多数文人选择适应，特别是年轻文人，他们甚至彻底抛弃传统的文人精神，而以新人类的姿态抢占属于他们的文学领地，比如网络文学。古人有言，江山代有才人出，各领风骚数百年。今天，能独领风骚几天已是不易。

从生存的角度看，今天留给一个纯粹文人生存的空间并不大。一个文人如果不从事与文学无关的工作就很难活下来。文人的安身方式不如古人自在了。文人需要在不安中安身。文人在不安的工作中必然会耗损掉一部分属于文人的才华和纯粹性。这给文人的创作带来了新挑战，意味着文人不能把文学当作自己生命的全部，而只能是部分，甚至作为业余爱好来对待。由文人的边缘化到文学在文人心中地位的边缘化，我们自然发现今天文人要较古人活得更为艰难。古人可以把文学当作归宿，安居其中，自娱自乐；今天，文人把文学当作拯救的方式，在自己滑向平庸的时候，通过文学让自己恢复个性和本色。当然，也不是全部文人都是如此，比如官方文人、网络写手、知名作家、畅销书作家以及电视剧编剧等，这些人正从文学中大获其益，名利双收。

消费时代的特点就是永恒价值不存在了，一切都可以标价消费掉。文学也不例外。这是我们必须警醒的。有的文人自视甚高，自认为作品是写给500年以后的人看的，这样的人今天真的要被人笑话了。时代发展加速了，过去500年是500年，今天说500年，可能只是5年，甚至50天。不是你的作品是否有保留的价值，而是你在层层新作品的掩埋中被翻找出来的概率几乎为零。每个文人都必须做好接受被遗忘和淘汰的准备。文学的狂欢已是文学的没落。在狂欢现场，个人的声音是微不足道的，充斥耳际的是所有人的尖叫、合唱和群舞，文学被细品的时代过去了。今天，文学正面临浏览式阅读，它是消遣式的，是一种无聊时的陪伴，人们通常不再深究作品深层的问题，而是满足于好奇、窥秘和娱乐。所以，有深度、复杂的作品很少受到普遍欢迎。读者思维的平面化是导致文学肤浅的原因。生活的快节奏是导致阅读碎片化、浮光掠影的原因。当然，我们也不能否定由电视行业、报业出版集团、网络平台等构成的文学消费的产业链，正按照利益最大化的原则，而不是文学本身的目的操控着文学的走向。

但不管怎样，仍有文人——传统意义上的或新人类意义上的文人。固守传统文人精神的人会继续活在他的世界里。文人凭借对文学的热爱，正以可能的方式，而不是唯一的方式，完成他的文学远征。对凡是不能断定的问题，我们都需要给予宽容和观察。文人正在努力形成他们本有的精神气质和文学气象。这是文学赋予文人的使命，也是文人命定的选择。有人会成功，有人会失败。文人已经携带他们的全部家当出发了。他们在路上，在抵达各自目标的征途上。这是一群单纯而执着的人，他们身上最大的负担就是梦。因此，也可以说这是一群轻装简行的人，他们需要的并不多，也不奢求豪华、富贵的生活，但他们都秉持一颗高贵的心。他们认真地迈出每一步，感受脚踩在大地上的坚实，感受大地的宽容与风暴的残酷，感受着人的饥饿、疲惫、绝望、痛苦，他们以诚实的语言告诉世界他们的体悟，告诉他们飞行时的快感，仅此而已。博尔赫斯曾告诫自己：不过是一介文人。这样的告诫是明智的，也是必要的。文人当知道要做什么，清楚属于文人必须遵守的底线。在文学的路上，每个文人都是孤独的行者，尽管朋友们经常聚会、纵酒，但死的时候，每个文人都是躺在自己道路的终点。

谁导演了西西弗斯的悲剧？

　　说到西西弗斯，人们只看到了他在地狱里受苦的样子。当然，看久了也不会有什么感觉。其实，受惩罚并不是关于西西弗斯神话的真正内涵。荷马在西西弗斯神话的描述中，更多地展现了西西弗斯面对命运和天神的不公，敢于争取自由，活出自己的勇气、智慧和精神。这个悲剧带有鲜明的古希腊悲剧特点，即人是命运的囚徒，智慧与抗争只能使悲剧的结局更加惨烈。这是悲剧令人震撼和惊叹的原因。西西弗斯本来是一个聪明而谨慎的人，时刻想着如何避祸，就是这样的人最终还是惹上祸端。他没做什么伤天害理的事，他被惩罚的唯一罪过就是他太聪明了。

悲剧的起因：嫁祸与戏耍

　　天神宙斯看上河神伊索普斯的女儿伊琴娜，不经同意，也不送聘礼就给抢走了。河神寻女心切，找西西弗斯帮忙。本来应该好言相求：聪明的西西弗斯，你一定知道我女儿的下落，请告诉我，我会加倍报答你。可是，河神恃神之威，威逼恐吓，直接就说是西西弗斯抢掠了他的女儿。西西弗斯为了证明自己的清白，就不得不实话实说，结果得罪了天神宙斯。宙斯自己犯错不肯悔过，反倒把怨气撒到无辜的西西弗斯身上，命令众神惩罚西西弗斯。

在这个事件演化过程中，我们看到强权是如何通过嫁祸的形式迁怒并侵害无辜之人的，我们也看到所谓的天神其实是不善的，也是不公正的，相反，神比人更加为所欲为。在荷马时代，神代表着特权，是权力不平等的象征，也是等级制社会最高权力的象征。这种不平等的权力支配关系源自人们生存的现实。按照神的逻辑和意志，一切臣民都该无条件地听命于神的支配和安排。但臣民中总是会有聪明智慧的人，看穿神的一切秘密，这样的人就成了神的心腹之患。神惩罚的理由可能非常简单：你太聪明了，所以要受罚！因为聪明的人了解神的真相和秘密，而神的真相一旦被说破，神的权威和尊严就将彻底丧失。

西西弗斯就是这样的人，因为聪明被迫害。需要说明的是这类迫害不需要合理性，也不遵循因果关系。从发生上来看，它是偶然的，甚至是无中生有的，有着发生的不确定性；从存在的形式上看，它是荒诞的，虽然毫无缘由，却一切顺理成章地发生了，并且事件一步一步被引导，最终诱惑人犯错，在第二事实的基础上，认定罪过成立。仿佛神和人开了一个玩笑，他将人间的悲剧变成他亲手导演的一场游戏。

这个发现令我惊讶。我于是发现让"低等生命"痛苦而获得愉悦满足的行为不仅存在于古希腊神话中，也普遍存在于人类现实生活之中。比如斗牛，人和牛本身是没有仇的，但人想要和牛游戏取乐，就建造了斗牛场。当公牛被选中时，公牛的厄运就降临了。公牛不知道厄运仅仅来自自己的强壮和野性，来自与众不同。优秀是公牛厄运的始因。但进入斗牛场后，公牛和斗牛士就成了公开的角斗对象。从规则上来说，表面看是公平的，其实是不公平的。不公平处就在于，公牛胜与负都要被杀死。正如西西弗斯尽管曾遏制住死神的喉咙，最终还是落入众神之手，被罚下地狱。但为什么我们不对斗牛士的行为作善与恶的评价？因为人掌握着支配牛的权力。为什么众神可以为非作歹？因为众神掌握着支配人的权力。这是十分残酷的现实，我们看到神因为欢乐的需要，让人陷入死亡的恐惧；而人对此似乎也并不醒悟和反抗，而是如法炮制，因为要欢乐，所以玩杀死公牛的游戏。这可曾是宇宙生灵之间互为戏耍普遍存在的趣味？生物链上的等级制，每一个高等级生物都喜欢以死亡的方式游戏低等级生物为乐？

加缪说西西弗斯神话是荒谬的，他从一个人面对苦难和厄运应有的乐观态度出发，一厢情愿地认为西西弗斯遭受苦役和惩罚也是快乐的，试图用所谓的积极心理学观点和自我目标价值设定来掩盖受惩罚的不合理性。加缪的观点我倒觉得真的荒谬。从根本上说，苦役何以成为苦役，这个根源加缪没看到。西西弗斯的悲剧是权力之祸，权力是万物不平等的根源。权力利用其不平衡和不平等性，粗暴地、随心所欲地迫使人成为被统治者。西西弗斯神话是对人类依靠权力维系社会关系的高度凝练和写照。

惩罚的根源：仇恨和报复

这就是古老的敌意，人与神的冲突与较量，基本权利和特权

之间的较量；真与伪的较量。从西西弗斯神话中我们看到，正义
和公平都不掌握在神手里，但神掌握着裁决权和惩罚权。一切非
合理的惩罚都是迫害。宙斯派死神来惩罚西西弗斯就是对西西弗
斯的迫害。死神被西西弗斯绑架，说明死神并不具有至高无上的
权威和不可战胜的力量，也说明人有了智慧和勇气就能战胜死神。
人对死亡恐惧也是古老敌意的一部分。人每天都在和死神作战。
这种作战从未停止过。有时人胜了，有时死神胜了，但最终是死
神胜了。死神被绑架期间，人间没有死亡，神感到不安。人若不
死，人就会成为神，神不需要有太多的神与其同在，所以，神需
要人死亡。只有死亡，才能让人避免成为神，只有死亡才能让人
对神保持永恒的敬畏。死亡是神用来统治人类的一种工具和权杖。
所以，宙斯一定要救出死神，尽管死神受人仇视。而绑架死神的
西西弗斯，毫无疑问要遭到最严厉的惩罚：死而且永远受苦！

　　从人与神的对立冲突结果上来看，人从未胜过。这是一个诡
异的暗示，意味着真正胜利的天平始终都是操控在一只看不见的
手里。在迫害西西弗斯的过程中，宙斯始终都没有亲自出手，西
西弗斯太小了，不需要宙斯亲自出马，宙斯只需要调动手下的众
神就轻而易举解决问题。神话中经常出现"西西弗斯的罪恶触怒
了众神"的表述，这样的表述带有制造仇恨的味道。无论人与神，
还是神与神，还是人与人，我们见证了这样的事实，就是任何时
候想要挑起冲突，制造仇恨都是最有效的手段。西西弗斯一开始
就注定了罪责难逃，原因不在于他做了什么，而在于众神想要如
何收拾他。众神制造的仇恨和惩罚的理由，是不给受害方申诉权
的。除了对西西弗斯施加苦刑以外，众神也借助该案例警告所有

的人不要犯西西弗斯的错。尼采在《论道德的谱系》中指出，神也许并非怀着由衷的爱创造了世界，可能是怀着由衷的恨创造了世界。我觉得尼采就是第二个西西弗斯。

对抗权力的智慧：设置规则

照理宙斯是不讲规则的，他需要的是强权。但强权在执行机制中存在权力衰减和失效的现象。这是因为，对于没有至高权力的神或人来说，他们还相信规则，相信道理。正因如此，西西弗斯可以略施心计，骗过了冥后。这个过程表明，智慧在运用上并不一定要遵守善道，而是要遵守胜道。西西弗斯如果是善的，就不该欺骗冥后，甘愿接受惩罚。但面对不公正，他以谎言获得解脱，似乎也不该受谴责。这是斗争的逻辑和伦理，即以其人之道，还治其人之身。冥后相信了西西弗斯的话，说明冥界的掌权者反而善良单纯。真和善不是依据众神所处的位置决定的，而是由他们的权力大小和心地决定的。

"一个没有被埋葬的人是没有资格呆在冥界的！"这是一个十分滑稽的理由，几乎是西西弗斯针对自己设定的一个理由。但正是这个理由让冥后答应了西西弗斯的请求：灵魂重新回到人间，履行尸体下葬和祭颂仪式。这说明，人世间的所有理由可能都是针对某个个别的诉求设定的。同时，设定理由让一个走投无路的人找到了出路。讲理成为一个人自救的手段，但前提是你必须在尊重理的人面前讲理。而西西弗斯不仅讲理，还有事实作为依据，即他提前叮嘱妻子不要埋葬他的尸体。他的尸体没有被埋葬，这个事实是支持西西弗斯讲理的基础。但从预谋的角度，我们也可以认为西西弗斯伪造了尸体没有被埋葬的事实。我们也需要询问一下，冥界是否真有此项规定：没有被埋葬的人没有资格呆在冥界？不管怎样，这一段涉及规则，我们也可以联想到古希腊的法律。在对付至高权力（神权）上，人们迫切需要一个公允的原则，即法律！

诗意的大地：美高过一切

西西弗斯到过冥界后知道一个没有光的死亡世界是多么黑暗、冰冷和令人恐惧。当他再次来到人间，他被美丽的大地、阳光和蓬勃的万物所吸引。这诗意的人间过去不曾珍惜，而如今他一下子被征服了。他不惜违背诺言，也不肯离开人间。此刻，他被美征服，也被美拯救。他找到了自己全新的生活：爱与美！在爱与美面前，最高的神宙斯拿他也没有办法，死神和冥府、道德和法律拿他都没有办法。他得以享受生命中的阳光和美妙，直到寿终。

西西弗斯在他能够用智慧掌控自己生命的过程中，不妥协，不臣服，他找到了属于自己的生活。这是自然赐予人的生活，而不是神赐予的生活，这是美的、真的生活，而不是虚幻的生活。尽管这种生活不像神拥有无边的力量，但作为人来说，这是最理想的生活。

荷马并非悲观主义者，也不是神权的崇拜者，荷马在这个神话里讴歌了人的智慧和活力，赞美了大地和生命的美妙。荷马提醒我们，不要只看到他遭受到的苦役，西西弗斯曾经遏制住死神的喉咙。西西弗斯是我们生存在大地上的人类的典范和精神原型。

最后的审判：对人性的恐吓

西西弗斯死后还是受到了最后的审判。他被判入地狱，在那里做着徒劳、重复、单调、艰辛而无意义的事：将一块巨石反复推向山顶。最后的审判是神展现自身权力修筑的最后的工事。这道工事坚不可摧，任何人不能逾越，每个人都不得不接受盘查、质询和判决处置，然后，乖乖地按照判决书被送往各自应该去的地方。最后的审判在基督教诞生之前就已经存在，它是神权在维护自身权威时所共有的设置。人们要么遵从因果，要么相信最后的审判。谁怀疑这一点，谁就从根本上颠覆了神的权威。神依靠最后的审判保持它的合法性和权力的威慑力量。其实，这是神权对人性的恐吓！

从西西弗斯所受的苦来看，这种惩罚是对一个智者的惩罚，他所做的每一项工作几乎都和他活着时候的追求相违背。比如：西西弗斯热爱光明和大地，死后他去了地狱（最黑暗的地方）并只面对一座山，这座山不仅荒凉，还遮挡他远眺大地的视线；西西弗斯热爱美，喜欢丰富多彩的生活，喜欢蓬勃的生命，而他死后不得不一直面对一块巨大而冰冷的石头；西西弗斯有智慧、有创造力，但死后不得不重复一种单调而无益的苦力；西西弗斯渴望生命在大自然中不断新生，而死后他不得不让自己的生命在原有的轨迹上永恒循环。从这些惩罚的设置来看，神处处要打击人的智慧和欲望，要遏制人的自由和追求，要消磨人的勇气、力量和信心。神通过设置这些惩罚来迫使有智慧的人臣服。尽管，荷马认为西西弗斯是人类中最聪明谨慎的，就算是这样的人也逃不过神赐予的最终厄运。

结束语

神话毕竟是神话，西西弗斯神话是人编出来的故事，我们可以从艺术上欣赏它。但我也感到好奇，荷马这个小老头两眼失明，凭什么看得如此深远，如此深刻？既然他知道聪明是祸端，自己为什么还说出史诗般智慧之言？莫不是他自己做好了下地狱、受惩罚的准备？特别是面对神的"恐吓"，他似乎毫不畏惧。荷马史诗都是英雄史诗，可见在荷马心中更崇尚英雄。说不定荷马也是把西西弗斯当英雄来写的。荷马除了赞颂那些勇武善战、不惧牺牲的战场英雄以外，也赞颂了一个思想者，一个富有智慧的文人英雄。难说荷马在写西西弗斯时内心想到的不是他自己。今天，我们已经告别了神统治的时代，但我们还生活在各种权力之中。就此而言，我们还有读西西弗斯的必要。但别把目光静止在那个拼命向山上推石头的画面上，别预先设定自己是那个苦役中的受害者。记住，西西弗斯曾扼住死神的喉咙；记住，西西弗斯是在大地的怀抱、在阳光的怀抱、在万物蓬勃生长的怀抱中寿终的。如果众神不存在，地狱不存在，西西弗斯就是一个胜利者，一个人类荣耀的代表。

2018 年 6 月 22 日

在万米高空遇见庄子

　　近日外出去海南，随身携带一本书——《庄子》，准备在旅途中阅读。飞机起飞，我也打开书页。这本书我读过多遍，但每次读都有新收获。这一次，我仍然像第一次阅读一样，认真而专注。飞机在爬升，地面的一切渐渐渺小。城市和村庄变得稀薄淡远，人同沙粒无法辨识。这时，我开始读《庄子·逍遥游》。

　　我突然明白了庄子为什么用"鲲鹏"起篇。一瞬间，坐在飞机上，我也有一种"怒而飞，其翼若垂天之云"之感。在这种小得意中飞机已经至万米高空。云在下，天在上，已不见人间。正是："天之苍苍，其正色邪！其远而无所至极邪！"

　　这时，我见飞机舷窗外一老者端坐虚空，却与飞机同步飞行。本能地我想到他莫非就是庄子？于是叩窗而问："喂！老头，你是庄子吗？"

　　"读我书，却不识我；受我启，却不敬我。早知此，我当初就不该留下半个文字。"我听到窗外的老者说。

　　"你一定是装神弄鬼假扮庄子，若是你本人，你可记得自己说过的话，叫'至人无己，神人无功，圣人无名'？你若在意维护自己的著作权和尊严，你不也是一个'有己'的人吗？特别是，你最反对儒家那一套假惺惺的礼仪了，你干嘛还在意我叫你老头呢？"我对舷窗外的老者说。

"你燕雀之辈，何以有此辩才？"老者看也不看我。

"你若真是庄子，我倒要批评你几句了，你有那么大的智慧，看破了天地人神，唯独没有看到在自然之外还有一个技术的世界。你看，我不是鲲鹏，不也一样飞行于万米高空吗？这个飞机就是你一直反对的人的巧智造出来的。"我得意地说。

"我以为你果真有鲲鹏之翅，原来你寄托在一个笼子里。一个笼子在地为笼，在天也为笼。而虚空之界无极，你若有本事，出来与我同坐。"老者说。

"鱼可化鹏，飞机也是物的造化。这有何差别吗？飞机运用的流体力学正是遵循你'御风而行''乘天地之正'的原理，你看，我们不是同样坐在虚空之中吗？"我说。

"哈哈！你在空不过转瞬，我在空已经2000年了。我饮天地正气而存命，你却要呆在机舱里，吃飞行餐。人之妄念都被技术搞得不知天高地厚了！"老者笑我说。

"你活2000年有什么了不起？众生劳苦，你却只顾自己逍遥。不要看不起飞机，就是这个东西，让我等凡夫之辈可以有万米高的眼界。虽在空不过一瞬，但瞬间明了也会彻悟大道。"我本来对庄子的思想佩服得五体投地，但也受不了他对人创造力的漠视。

"你虽在万米之高，但眼界不过舷窗之一孔。又怎知道我所说逍遥的真正意义呢？人本来是自然存在物，自然是人的家，天地是人的父母，但人们为利而争，划地扩疆，毁地伤天，人成了利益的存在物。人之堕，皆为小利所惑，享年不过百，不知心游物外，随天地感化，自由自在，不堕也不灭，可享千年自在。这样的大利，以你舷窗之孔见，又怎么能看得到呢？"老者说。

"活那么久干嘛！如今之人喜欢快乐一把就死。人间到处都在倡导工匠精神，正是你看不起的雕虫小技。你向来以无用著称，道理不错，但大而无用。这是你不如孟子之处。孟子以人为本，之后有国有家有天下，这是适于人间的道理。"我说。

"既然这样，你也不该抱怨雾霾、添加剂、毒奶粉、水污染，不该渴求碧水蓝天，不该仇视贫穷和战争，甚至，不该仇视为非作歹的人，难道作恶的人没有'快乐一把就死的权利吗'？"老者不屑地说。

"人间这点破事你都知道的？"我惊讶地问。

"2000年前我就知道了。"老者说。

"那你为什么不阻止人们的行为呢？做个讲师也好，做个环保公益人士也好，你要不断宣传你的思想啊！你躲在万米高空，看着人们的处境一步步变得糟糕，你于心会安吗？你看孔子，为了宣传自己的思想，建立了孔子学院，使得其思想代代相传。你为什么不成立一个庄子学院呢？如果你肯做，我保证有很多大佬肯给你投资。"

"我就知道你脱不了俗。爱谈论的人都是这样，前三句还假模假样，第四句就会露出本来面目了。你还不懂我说过的'是非之彰也，道之所以亏也。道之所以亏，爱之所以成也'之意。看你在万千人中，唯一坐飞机读庄子之人，觉得你有一丝清净气，但以上之言，让我大失所望。"老者说。

"哎，长辈不要生气。我就是随口一说。我似乎理解你所说的逍遥游大意了。"

"道在行，不在想。想生疑虑，行用无穷。"老者打断我的话，提醒我。

"人们都把你的思想当成无用来批判，你却说行用？是人们误解了你吗？"我问。

"不存在误解，井蛙不可以语于海，夏虫不可以语于冰，曲士不可以语于道，皆出于个人见识的局限性。正如你从舷窗看天空和我在虚空看天空是不一样的。我早就说过了，'六合之外，圣人存而不论，六合之内，圣人论而不议'。又怎么会与无知者争辩呢？争论要和有同等智慧的人争论。否则，沉默吧。不反驳，那些诋毁你的人也伤不到你。"老者说。

"我知道有学者把你尊奉为中国艺术自由精神之祖，当代学者也不断在运用比较学，把你和亚里士多德的自然哲学思想以及全球化时代背景下的共同体学说相联系。你怎么看待后人对你思想的研究和继承？"我问道。

"还有人把我和阶级斗争相联系，这些与我何干？与道何干？我说南郭子綦'形如槁木，心如死灰'，是表明一个合乎道而为的人，不显人相，不显帝王相，不显神相，而显天地相。如今我告诉你，唯有息止分别攀取心，静如处子，方可与苍茫蓝天合一。"老者说。

"感谢老师开示，弟子万死莫忘点化之恩！"我心中陡生敬意。

"算了吧。别跟我搞这些佛系的客套，也别说万死千死的话。你要替飞机上的人着想。他们要是知道你和我说的话还不撕碎了你！什么意思？你是不希望飞机回到地面吗？已经有一架马航MH370客机失踪了，人间最好不要出现第二个类似的悲剧。不过，这也就是技术的局限。记着，以后谈论技术的时候给自己留点回旋的余地。"老者仿佛无所不知。

"我正好有疑惑想要请教你。今天已经进入智能机器时代，人类如何处理好机器与人、机器与自然、机器与天地万物之间的关系？你所说的'天伦'如今已被打破，还存在一个必须遵守的'天伦'吗？"我问道。

这时飞机里传出播音员的声音："各位旅客，我们的飞机还有半小时就要到达海口美兰国际机场，飞机开始下降。请大家收起小桌板，打开遮光板，关闭手机，调直座椅靠背。谢谢大家的配合！"

我本能地合上书，收起小桌板。等我做好这些再抬头望向舷窗，发现老者已经不见了。我探着头努力朝外看，却看到了地面的村庄和城市，由渺茫渐渐清晰。我的问题没有得到庄子的回答，心中难免有一丝失望。不过，我能亲耳聆听庄子的教诲，已经感到十分幸运了。我唯一的惭愧就是我们对庄子有多少误解呀！

2018 年 7 月 1 日于石湖滴水斋

《道德经》中的生生法则

1. 从《周易》到《道德经》，看生生哲学的演化

《道德经》是中国著名的传统道家哲学经典，作者为老子。关于老子其人有很多种说法，这不是我关心的问题，故此我也不必多费口舌。关于这部书成书的年代，根据文章形式的完整性和诸子百家批判思想来推断，应该在战国，应晚于孔子的《论语》。这个成书时间考证很重要，意味着老子一定是全面了解到儒家、墨家等诸思想局限之后才提出了自己的哲学主张，因此具有思想认识上的高度和深度。相对儒家、墨家这些强调具体人事行为规则的思想而言，《道德经》更重视宏观性秩序的建立和遵从，并认为事物遵从的是生生法则，而不是生灭法则。当然，《道德经》中的生生哲学思想不是老子的首创，而是由《周易》思想演变而来。

《周易》成书于周朝，为周文公所编著，是帝王用来决策天下大事、判断取舍的理论经典和工具书。《周易》以太极作为"气一元论"宇宙观，以阴阳五行学说来描述万物的普遍规律，并通过象数关系和八卦推演应用于具体实践中。《周易》认为，整个世界是在阴阳两种能量相互作用下不断运动、变化、生成、更新的。阴阳是构成世界的基础，通过阴阳不同的组合可以发现世界不同的变化现象和规律。《周易》说："太极生两仪，两仪生四象，

四象生八卦。"太极为元气，两仪为阴阳，四象为春夏秋冬（代表着发、生、收、藏），八卦即八种自然现象。当代哲学家冯友兰将《周易》中的象数关系称为"宇宙代数学"。他说："《周易》哲学可以称为宇宙代数学，代数学是算学中的一个部门，但是其中没有数目字，它只是一些公式，这些公式是用一些符号表示出来。"基于《周易》的空间视域，就算对一个具体事件做分析，也很难做到精准判断，而只能做出趋势判断。所以《周易》中包含了另一方面内容，就是对符号的阐释，即"系辞"。"系辞"通常运用象征或隐喻的方式来表述，所指内容并不具体，需要结合具体事件来领悟。《系辞》上说"生生之为易"，是对《周易》哲学思想的核心表述。"易"就是"生"，而"生生"就是持续地发生变化，生生不息，正如天地四时万物生生不息一样。"生生"便是《周易》的基本精神。

老子的《道德经》尽管从空间认识和生生哲学上延续了《周易》中阴阳的理论，但在具体立论和应用中都有了自己独立的观点和定义。首先，老子较《周易》不仅看到阴阳之间的统一性，也看到了彼此的对立性，即将《周易》中关于"吉凶"的模糊判断变成可以参照经验做出的"可、非"判断。"可"即肯定，"非"即否定。这个转变标志着对事物判断由《周易》中完全的"他决"（占卜）变成人人可以随时随事自行判断的方法和智慧。为此，老子把《周易》中起决定作用的神秘力量表述为"道"。这在对规律的认识上要比《周易》有了本质上的进步。

比较来看，《道德经》在生生哲学上较《周易》不同之处有以下几个方面：

第一，老子将《周易》中的"太极"关于元气的空间概念改成"道"，变一种对世界模糊朦胧的认识为一种可体悟找寻并能普遍适用于万物的"最高法则"；

第二，把《周易》中看作推动万物变化的阴阳由偶然性认识（卦象）变成逻辑性（可、非、有、无）认识，强化了人自身对事物变化的认识能力和把握能力；

第三，由《周易》中构成空间判断的"五行"逻辑，变成事物存在决定下的道之次第逻辑，即"人法地，地法天，天法道，道法自然"，这使得空间哲学在体系分级以及现实应用上更吻合人类生存现实；

第四，《周易》解读万物变化，依据的是象数理论和工具，老子因吸收了儒家、墨家等思想，在对"道"的阐述上，思想理论更加深邃而丰富；

第五，《周易》在对事物变化的描述上，固定为卦象和系辞，这对精准描述事物变化的原因、过程和结果都是极大的局限，老子则在语言描述上较《周易》更加精准，并提出了对存在事物通过"命名""分类""比较"等方式来强化认识和把握，这一思想和柏拉图倡导的理性思想，亚里士多德强调运用形而上学、概念和定义认识普遍真理、区分事物的属性和个性，十分接近。

2. 从生生哲学反观《道德经》的断句问题

今天广为流传的《道德经》，基本是王弼的校本。这个校本因为断句上的原因，把一个具有鲜明哲学思想的《道德经》变成了一本道教经典。王弼认为第一章应该按照"道可道，非常道；名可名，非常名"来断句，按照这样的断句理解，道就是一个不可描述的神秘之物。但从老子的生生思想来看，道并非一个不可描述的神秘之物，相反，道是一个人人可认识、可把握运用的"常规"之物。王弼也许为了迎合道教的发展需要，有意将其说得神乎其神，但我们依据王弼的校本来理解《道德经》，就偏离了老子生生哲学的本意。后来马王堆汉墓出土的《老子》注本，更像是儒家学者修订的，从断句表述和章节内容上增加了修身治国的内容。事实上，"遵道""无为"才是老子生生思想的核心，这是因为老子不是把事物存在的价值判断局限于"一时功利"，而是"长且久"。

我认为从哲学上理解《道德经》，第一章正确的断句应为：

道可，道非，常道；名可，名非，常名。无，名天地之始；有，名万物之母。故常无，欲以观其妙；常有，欲以观其徼。两者同出异名，同谓之玄，玄之又玄。众妙之门。

为什么不能断句为"道可道"呢？有以下几点理由：第一，从词源上考证，"道"字在战国时期并无"说"意，因此，把第二个"道"当作"言说"理解，不符合当时古语的事实；第二，老子用词简明精准，他不可能在一句话中使用同一个多意字，纵观《道德经》五千言，从未出现用词用字重复、累赘以及模棱两可的现象，因此，一句话中"道"竟然有完全不同词义解，这也不符合老子为文之风；第三，这一章阐述的是生生哲学的总论，揭示了"道"立论和思想的核心，其表述是清晰的，而如果按照王弼的断句，"道"就是一个超出一般常规而存在的神秘物，这并不符合老子思想的本意。按照新的断句，我们就能发现老子是根据"可"（肯定）和"非"（否定）来发现"常道"的。从词源上考察，"可"这个字在古代本意是对着神唱歌，引申为所做之事顺应主导力量。"非"与"可"相对，指做事与主导力量相违逆。同样，"名可名"也是不对的，从词源上考察，"名"的本意是黄昏中对看不清的事物用语言描述使之清晰，引申为"命名"和"定义"。但"名"不是名词，这里做动词用。《周易》中对卦象的阐释是系辞，但系辞是固定的。老子突破这一局限，认为存在的现象都是可以描述出来的，所以第一章第一行的哲学表述应该为："依道而行就是合适的，不依道而行就是不合适的，这就是天地恒常不变的大道。把正确的做法描述出来，把不正确的做法也描述出来，就能获得恒常正确的方法。"

　　这样的分类判断依据什么而得呢？老子告诉我们，万事万物都离不开从无到有的生成变化过程，这一句的哲学含义是每一个事物都孕生于空间之中，不同的道孕生不同的事物，每一事物孕生的过程都遵循从无到有的变化。空间表现为条件，无和有表现为事物生生存在的状态和因果，条件和合就会使事物有了生生的开始，但事物生生处于开始时的状态是不易被感受觉察到的，一旦事物发展到可以被感受到存在了，事物就有了自身发展存在的基础。老子把这一变化规律揭示出来，是依据"可和非"为参照的。如果在事物生生开始阶段，就能运用道做出"可"与"非"的判断，那么，就会防止错误的事物发展成不可控制的结果。这一思想用现代哲学来理解，就是强化源头控制和过程控制。对此，我们不难发现王弼断句上的问题，即"无名，天地之始；有名，万物之母"，这样一断，就把一个具有上下文逻辑关系的思想弄成了"创世纪"的混沌未开了。老子把"无"和"有"当作构成事物存在和变化的状态来考察的，包括"无生有"的逻辑关系，而不是仅仅指事物形状。同时，老子也没有把"道"看作超乎经验的存在，是一个不可以认识和规定的存在物。老子已经考虑到了"道"的普遍应用问题，万物各有差异，其变化发展过程也千变万化，如何才能把握每一事物生生变化的内在之道呢？老子告诉我们一种方法，就是通过"常无"找到事物的初始状态，并观察其微妙的变化，看清其变化的原因和规律。同时，也要用宏观的眼光观察"常有"，比较和推断其变化发展可能有的极限和边界。老子说："故常无，欲以观其妙；常有，欲以观其徼。两者同出异名，同谓之玄，玄之又玄。众妙之门。""两者"指"妙"和"徼"。"同出"是指同出于"道"的作用。"异名"指表述上不同。"玄"本意是把丝悬挂起来梳理，引申为对事物发展变化作分析，"玄而又玄"就是反反复复地分析。"众妙之门"指以上的认识和方法就是把握各种微妙变化的有效路径和手段。而冯友兰认为老子所说的"道"是不可感知和不可规定的，是错解了老子的思想。

3. 对《道德经》部分章节的重新断句和解析

第一章

道可，道非，常道；

名可，名非，常名。

无，名天地之始；

有，名万物之母。

故常无，欲以观其妙；

常有，欲以观其徼。

两者同出异名，

同谓之玄，玄之又玄。

众妙之门。

"道"和"名"是揭示世界生生存在的两大维度。"道"揭示事物生生变化的内在本质和规律性，"名"揭示生物生生存在的外在事相和状态。"道可"即对事物生生存在的肯定，"道非"即对事物生生存在的否定。"常道"即事物生生不息恒常不变的规律。概括来表述，即依道对万物存在做出"可"与"非"的判断，以此揭示出事物发展变化以至生生不息而应遵从的恒常不变的准则。"道"显现为万物变化的内驱力和义理，"名"显现为万物变化的过程和状态。因此，认识"道"和"名"，须从"无""有"入手。

"常无"指"无"作为事物变化的初始状态，无时无刻不存

在万米高空遇见庄子

在，但"无"并不高深也不神秘，而是蕴藏于事物变化之中。"欲观其妙"和"欲观其徼"指的是，要善于观察事物变化背后的原因和规律。所有的事物都从"无"中生，知道这一点就能从源头把握事物的变化和趋势。同样，"有"作为事物发展变化的过程和状态，不仅仅指静态的形状，也指变化中存在的各种可能结果，这一切也是蕴藏于事物发展过程之中的。尽管从大的空间来看，万物均受"大道"（普遍性）推动而行，但具体事物（个体）是有差异的，因此，"道"作用在不同事物上表现出的"有"会不同，区分这些微细的差异需要做微观和宏观两方面观察。"此两者"既不是指"道"与"名"，也不是指"无"和"有"，而是指"妙"和"徼"。每一种状态的出现都不是偶然的，都与"道"密切相关，即同出于"道"，只是表现的状态和方式不同而已。"玄"即对现象作深入分析和提炼，这是认识的方法，也是通过思考比较等手段认识和把握大道的必然路径。老子的《道德经》历来被解释得神秘玄奥，其实老子所谈的一切都没有脱离社会现实和人的存在需要。"道"是思想和判断的指南，"德"是行为行动的指南，《道德经》就是一部关于指导人们认识"道"、运用"道"解决一切问题的智慧书和方法论。

第五章

　　天地，不仁以万物，为刍狗；

　　圣人，不仁以百姓，为刍狗。

　　天地之间，其犹橐籥乎，

虚而不淈，动而愈出。

多言数穷，不如守中。

多数版本都断成"天地不仁，以万物为刍狗"。老子在这一章讲的是天人关系，以天与万物的关系批评儒家宣扬的"仁"和"礼"的思想。所以，老子这句话核心不是说"天地不仁"，如果他认为天地是不仁的，就不会把水说成是上善。他要说的是"不仁以"，即用仁义去对待万物，老子认为用仁义对待万物并不是天地之本，天地之本是用"道"对待万物。老子在这里用了一个非常形象的比喻"刍狗"。魏源《老子本义》说："结刍为狗，用之祭祀，既毕事则弃而践之。"《庄子·天运》又说："夫刍狗之未陈也，盛以箧衍，巾以文绣，尸祝齐戒以将之，及其已陈也，行者践其首脊，苏者取而爨之而已。"显然，"道"是公平地对待万物的，而"仁"则是选择性且主观情感化地对待万物的。这种对待万物的结果就好比在祭祀时用来供奉神的刍狗，用它时它是尊贵的，没有用时就丢弃它、践踏它。所以，老子认为，圣人应该像天地对待万物一样，以公平心对待百姓，不管有用或没用，都善待他们，尊重他们，而不是像对待刍狗那样对待他们。这一思想和第二章中老子主张"是以圣人处无为之事，行不言之教"是递进的论证关系。第二章论述的是"不言之教"之理，这一章论述的是"不仁百姓"之理。老子用刍狗作比喻，非常生动形象地揭示了"仁义"背后的虚伪性和功利性，也指出了儒家倡导的以仁治天下思想的弊端和局限性。

老子认为，天地之间虚纳万物，各自遵道而有序安存，就像风箱那样，你不拉动时里面没有风（渺，搅乱），而一旦拉动，里面就有风吹出来助燃火焰。这里，老子的思想是有指涉的，孔子认为处理好人与人的关系要靠仁、礼，主张以人为本，行忠恕之道，即从自律中构建伦理秩序。孟子更是把仁说成是"王道"。孟子认为"仁"的重要内容是"不忍人之心"。齐宣王说自己好货好色，不能行王政。孟子说，"王如好货"，"王如好色"，"于百姓同之，于王何有"（《孟子·梁惠王下》）。孟子有一段话说得更加直白，他说："矢人岂不仁于函人哉？矢人唯恐不伤人，函人唯恐伤人。巫匠亦然，故术不可不慎也。"（《孟子·公孙丑上》）孟子的这些思想，代表了那个战乱纷呈时代圣人对待百姓表里不一的态度。而老子认为人性与天地万物之性相通，强调以道为本，人与人，人与万物，人与天地自然纯真、和谐相处。相反，在仁和礼上规定越多，人心就越容易分裂对立，产生冲突和不安，这样的话还不如像风箱不拉动时那样万物各自宁和更好。

第八章

上善若水。水善：利万物而不争，
处众人之所恶，故几于道。

居善，地；心善，渊；与善，仁；

言善，信；政善，治；事善，能；

动善，时；夫唯不争，故无尤。

　　这一章断句问题出现在后面七"善"上，几乎所有的版本都断成"居善地，心善渊，与善仁，言善信，政善治，事善能，动善时"。这样断句的问题在于没有理解老子所说的"善"的本意。老子所说的"善"是名词，指"美好的状态"。万物美好的状态都应该像水那样，默默地滋养万物而不去争名夺利，也不计较地位的高低和荣辱，这样就接近于道了。老子这一章讨论的不是理，而是用。那么以往的断句错在哪里呢？错在改变了"善"的词义和词性。各种版本几乎都把"善"解释为"善于"，这样"善"成了动词。老子的阐述逻辑是先列举一种最高善的例子"水"，再依次指出人间"七事"的状态标准。从句式上具有排比的特点。按照这样的逻辑，老子指出了"居"最美好的状态应该像大地一样安住，"地"的意思在这里不是指居住的条件，而是作为比喻，指居住的最美好样子，如果能做到像地那样安住，就近于道了。"心"最美好的状态应该像大海一样深广而不盈满，如果做到了就近于道了。"与"（给的意思，包括赐予、供奉、缴纳等人与物的往来）的最美好状态是像仁者那样爱人利物。老子这里说的"仁"不是儒家说的"仁"，而是人与物依据道和天性自然的亲和。《庄子·天地》说："爱人利物之谓仁。"老子在第五章明确反对儒家以仁对待百姓，所以，在这里不会又提倡儒家所说的"仁"的。"言"即言行的最美好状态应该像订立契约那样信守兑现，让人信赖，这样就近于道了。"信"这个字在春秋战国时使用频率很高，可做名词，也可做动词。做名词有契约的意思，《墨子·号令》说："大将使人行，守操信符。信不合，及号不相应者，伯长以上辄止之。"所以，老子说的"信"

是名词，而不是动词。这个"信"也不是儒家所说的诚信，而是用契约做比喻，指言而有信的最好样子。"政"即治理国家的最好状态应该像水流入海那样顺其自然，这样就近于道了。这里老子所说的"治"和儒家强调"管治"是不一样的，《说文解字》说："治，水出东莱曲城阳丘山，南入海。"老子认为顺应道而为，天下不治而治。"做事"最美好的状态应该像那些有能力胜任却又不矜持的人那样，就近于道了。老子不反对能力和才华，但反对矜持和自满。这里的"能"做名词用，指一种有能力的状态。《尚书·大禹谟》说："汝唯不矜，天下莫与汝争能。""行动"的最美好状态应该像四时那样自然应变，这样就近于道了。"时"在这里也不是指行动的条件，而是指行动的最好状态。这里的"时"和后来兵法所说的"天时，地利，人和"是不一样的，兵法里的"时"具有人为选择性，而老子所说的"时"是没有主观选择意思的。因四时自行更迭，万物才生生不息。所以，老子把四时更迭作为行动的最高标准。这些都做到的话，人间就没有争执了，人也就没有忧烦了。

战国时期战乱纷呈，老子把解决纷争作为主要问题来思考是很自然的事情。这一章指出的"七事"标准，核心智慧也是为了解决纷争和忧患问题。

黑松石

我尝试着表达黑松石，说出凌晨之静
夜行人还在赶路，我听到一块石头的脚步
摩擦产生火花，产生沉默，火花的沉默
我尝试着理解模糊，与混合物交谈
我发现油漆是个君子，涂抹时毫无瑕疵
小人是一些缺磷者，携带败血症的病因
它需要补充稀土，在骨髓里植入芯片
夜行人同时去往不同方向，无数分身
敲开空中之门，进入石英钟或松树冠
带着日本人的缜密和分裂，我想到雪国
一个作家为纯净的空气呼吸液化气
而一个超现实主义者不适合清醒
细分罂粟的花粉与汁液，细分黑暗质地
他需要胡说八道，在脸上涂油彩
以神或妖的面目现身，他对人怀着歹意
每个讲堂都灯火通明，调试离心机
铀等待被教育改造成武器，或爱国情怀

贵重和危险之物都隐埋在山里

我尝试着表达黑松石，什么也说不出

2019 年 3 月 13 日

孤独者的痛苦与思想

1. 我是要被献祭的

进入克尔凯郭尔孤独而沉思的心灵未必有太多的路径，如果找不对门，也许永远无法了解他所说孤独的真正意义。"我是要被献祭的"是他对自己生命的基本定位。他说道："我相信自己是要被献祭的，因为我理解我的痛苦和苦恼使我得以创造性地钻研有益于人的真理。"（《克尔凯戈尔 [①] 日记选》，晏可德等译，上海社会科学院出版社）

献祭意味着牺牲自己的权利、利益和生命，换取敬奉者的欢喜和满足。献祭使得受苦有了内在的价值和理由。"被献祭"并不一定是"被迫的"，在克尔凯郭尔身上，"被"这个字具有命定的成分。被迫的献祭者并不具有赴死的神圣感和荣耀感，相反，他会感到不安、惊恐、悲伤和不公平。而主动的献祭者才会从内心萌发出庄重、神圣和坚定不移的力量。克尔凯郭尔说"我相信自己是被献祭的"并非他仅仅成为宗教或神明的祭品，还包括他对自己选择孤独的思想和生活方式的认同。他在日记中写道："我可以预见我的生活大致如此：我把舒适愉快的福音告知别人，自己则陷入痛苦之中不能自拔。只有一件事情是个例外，即我可以

---

① 克尔凯戈尔，今译为"克尔凯郭尔"。

持续不断地从事我心灵和灵魂的工作。"(《克尔凯戈尔日记选》，晏可德等译，上海社会科学院出版社）克尔凯郭尔把让他人快乐和探究真理视为自己的责任，用后来的法国哲学家列维纳斯的话来说就是把自己当作他人的人质。这是基督教精神下信仰者的共同品质。克尔凯郭尔从创造和利他的神圣性出发，把孤独由一种对痛苦的承担，上升到做一名独一无二的创造者的位置来看待。这样，孤独就不是某种感受，而是一种价值观和目标。当克尔凯郭尔选择这样的人生态度时，他已经审慎地看到了自己的楷模，那个人就是基督。克尔凯郭尔"理解痛苦和苦恼"的价值不在于苦本身，而在于通过感受自身和他者所受之苦，探求出帮助他者走出苦难人生之路的方法，即倾心于"创造性地钻研有益于人的真理"这一神圣工作，用承担时代之苦为代价，"换取在我同时代人中间寻求均衡的心灵和灵魂的力量"。

　　一个人如何理解他遭遇到的痛苦意味着它如何理解人生、理解生命本身。在克尔凯郭尔看来，痛苦如果只是痛苦的话，那么，其悲惨的折磨足以夺取一个人生活的信心和勇气，甚至令人自杀。但为什么人们都在痛苦和劫难中走了过来？这是因为人们看到痛苦的同时也看到了生命的另一种意义。另一种意义使人身上的痛苦感转向，那种压抑的力、扼杀的力变成了一种活下去抗击痛苦、创造快乐的积极力量。这种力量是由痛苦唤起的，而如果这种痛苦感消失了，那么创造欢喜的力量也会同步减弱或消失。这是克尔凯郭尔认定"他者之痛"是自己身上之"刺"的原因。一点点的痛都是一生的唤醒与警告，克尔凯郭尔将其比喻成体内的"十字架"。"十字架"使痛苦存在的合理性进一步得到升华，一个人仅仅因为偶然性而遭遇痛苦，一般很难接受，但如果因为命运女神的安排，人就多了承受的力量和情感上的自我抚慰。这种将痛苦神秘化或神化的认识，实际上是一个人内在对高贵生命追求的结果。痛苦本身并无宗教感或道德感，但人面对痛苦时投注了自己对痛苦承受的底线定位，这种底线定位即个人的宗教感、道义感和生命意志。毫无疑问，基督为了传教和拯救人类而受难并复活的事迹，为克尔凯郭尔树立了榜样。克尔凯郭尔也渴望受难后复活，只是他希望替代他活着的不是肉身，而是他发现的有益于人类获得幸福和欢喜的真理。

这样看，我们才发现克尔凯郭尔选择孤独是选择了一条神圣的创造和奉献之路。要么是出于通灵，要么是出于共同的志向，我在荷尔德林的长诗《帕特默斯》中见到类似的祭颂：

> 因为神人或人
> 必须把握所有苦难。
> 他孤独地听见，或是他自身
> 已变化，远远预感到主的玫瑰。

2. 世人看得甚重，在我则毫无意义

"我的生活观是彻头彻尾无意义的。我想这是因为某个万恶的幽灵在我鼻子上架了一副这样的眼镜：一片镜片高倍地放大，另一片却高倍地缩小。"（《曾经男人的三少女》，江辛夷译，

作家出版社）

生活的意义是人设定的。有意义和无意义都是一种设定。人便是这样被自己设定的意义引导、捉弄，甚至欺骗。从思维出发看存在，人是一个观念的存在物。柏拉图把人的这种主观定位称为理想，笛卡尔则称其为"我思故我在"，尼采称其为意志力和价值。佛陀说得更加绝对，他说："一切唯心造。"而对于世俗人来说，他们可能更看重平庸的生活和现实的利益。当一个人越是思考意义的问题，他就越发现这样的思考是一个危险的陷阱。因为，很难用某个观念将人们的思想和行动统一起来，现实是每个人在观念上都有自己的取舍评判标准。有时，愚昧的势力远远比智慧更强大。同时，人们陷入自我编织的网里不愿走出来，当我们呼唤他们走向新生活时，他们不情愿，甚至强烈抵触地说："我们活得很好！"受苦的人说服自己安心待在苦中，向下的力和向上的力有时相互抵消，使得人看上去原地不动。克尔凯郭尔所说的无意义不是说生活虚无，而是指出了世俗痛苦的生活无望和没有尽头，表现为没有值得快乐的资本，因为在克尔凯郭尔看来，这种生活的有意义和付出的痛苦代价恰好抵消。克尔凯郭尔把二者比喻为两个功能恰好相反的镜片，在眼前令视力丧失真实和准确的判断。需要说明的是，克尔凯郭尔所说的无意义并不是消极的虚无主义，后来的存在主义都不自主地滑入消极虚无主义的泥淖。这之中不可避免地存在着人们对克尔凯郭尔的误读。克尔凯郭尔的无意义是对世俗平庸生活的批判，他需要建立一种超越世俗生活的价值观，作为与众不同的选择，克尔凯郭尔也必将身单影孤。他在日记中写道："我的奢望，但愿有可能阻止一个知识分子蜕变成世俗的工具。"(《克尔凯戈尔日记选》，晏可德等译，上海社会科学院出版社）克尔凯郭尔不是一个消极的虚无主义者，这一句话便可佐证，且让我们感受到他强烈而鲜明的价值观，即一个知识分子（包括文人）自我品质定位的基准线就是不能蜕变成世俗的工具。

那么，什么样的知识分子（包括文人）才算堕落成世俗的工具呢？克尔凯郭尔在日记中写道："我必须时刻警醒，不使我的努力为追求自我的享乐所玷污，追求崇高的思想和真理，而不从中求得世俗的暂时利益。"（《克尔凯戈尔日记选》，晏可德等译，上海社会科学院出版社）这让我们不由得想起他的初衷"我是要被献祭的"。克尔凯郭尔始终循着圣者的足迹行走，为此，他以决绝的态度和世俗生活划清了界限，并通过弃绝一切世俗利益享乐，来促使自己全身心地投入对上帝和真理的追求上来。他对自己要求严苛、禁欲、勤勉、自律，过着僧侣一样的生活。他对自己的选择看得非常清楚，在日记中写道："我的工作达到了我能力的极限，愈来愈紧张，而孤独地致力于以最清楚、最优美、最确切的方式表达我的思想，丝毫不顾忌其他事情。……要是我也像当今真正的伟人那样，十分之一的精力花在理智追求上，十分之九的精力花在追名逐利、斤斤计较我微不足道的工作能否得到金钱和荣誉的充分报酬上，那么，我也会成为一个伟大的人物，一个受人尊敬、高山仰止的人物！"（《克尔凯戈尔日记选》，晏可德等译，上海社会科学院出版社）

但正如每一个伟大的圣者都不曾自诩圣者一样，克尔凯郭尔思考的也是如何让自己全身心地投入工作。不婚娶就是他为了工

作舍弃的世乐之一。回顾历史，诸多伟大的哲学家都不曾婚娶，
比如赫拉克利特、柏拉图、笛卡尔、斯宾诺莎、莱布尼茨、康德等。
尼采称："禁欲主义理想是使哲学家笑对高尚果敢精神的最佳条
件——哲学家并不以此来否定'存在'，他正是在这里肯定它的
存在。"

我们能够感受到克尔凯郭尔此刻的心灵与他崇尚的先贤们正
和谐地跳动着，他放弃了世俗的一切，同时也放弃了关于"神圣"
行为的回报，他纯粹地为探究真理而工作，这样做仅仅意味着工
作对他的生命来说不可或缺，他努力摆脱禁锢、干扰、噪音、利诱，
他需要清醒的头脑、安静的环境，孤独是他渴望的生活，哪怕贫穷，
只要他能以最佳的状态投入创造性的探究和思考。至此，我们听
懂了他说"世人看得甚重，在我则毫无意义"的画外音。

3. 我决心只读死囚犯写的书

"在我们的时代，著书立说已变得十分无聊，人们写出来的
东西，他们根本没有真正思考过，更不必说亲身经历了。所以，
我决心只读死囚犯写的书，或者读以某种方式拿生命冒险的人写
的书。"（《克尔凯戈尔日记选》，晏可德等译，上海社会科学
院出版社）

著书立说变得十分无聊，原因是胡说八道盛行。现实中，胡
说八道真的可以混饭吃。也许还不止，甚至名利双收、大获成功
者也大有人在。克尔凯郭尔十分看不起这样的作家，他认为有两

个必要的环节若做不到，著书立说无疑等于欺世盗名。第一具有独立和独到的思考，有自己的观点和创造。第二，有个人的体验和实践，验证观点的正确性。缺少以上两点，文章就难免流于思想肤浅，观点和形式平庸，甚至言不符实、道听途说。克尔凯郭尔说下决心只读死囚犯写的书是看中死囚犯必说真言，这也变相提出了一个作者著书立说应有的态度，即若不以生命为代价是写不出有价值的东西的。

"死囚犯"是个象征，正如《勾引家日记》中的柯黛莉亚也是一个象征。克尔凯郭尔的写作态度可从这两个象征中略见端倪。以"死囚犯"的身份写作，意味着断掉一切苟活的生路，以诀别的态度面对一切，特别是对名利的留恋和对美梦的期许。他将更懂得生命的价值和珍贵，更懂得自由的重要，更懂得忏悔自己的罪过。如果一个忠告或忏悔是来自死囚犯的，我们完全可以相信那是一句真心话。由此可见，克尔凯郭尔在写作中对真的重视。萨特曾赞誉他是"一位漂亮的文体琢磨家"，其实，他也是一位探索人心灵和灵魂真实性的探险家。这一点在《勾引家日记》里表现得最为突出。他通过勾引美丽意中人的形式探索了人抵达自己灵魂高地的三个阶段，即审美阶段、伦理阶段和宗教阶段。这是他为自己也是为人类规划的灵魂自我实现路线图。

对于所求之物，人最大的动力是渴望。但何为渴望？克尔凯郭尔通过男主人公约翰尼斯写给柯黛莉亚的信做了阐述，他写道："何为渴望？日常的语言以及诗人常用牢狱这个词与它押韵（丹麦文中渴望与牢狱只差一个字母）。多么荒唐！这么说来，只有那被囚者，才真正懂得渴望啦？这也即是说，自由人是无法渴望

的。"（《勾引家日记》，江辛夷译，作家出版社）克尔凯郭尔
所要探讨的不是自由人不能渴望，而是一个人渴望的对象是否专
一。如果专一，他自由或不自由的时候渴望的都是她；而如果不
专一，自由或不自由时的渴望都不能称其为渴望。这就是克尔凯
郭尔认为的"囚犯式渴望"。只有具有这样的"囚犯式渴望"，
人才能生起把世界抛在后面直奔天堂的动力和勇气。困难的是，
现实中人们怎么可能如他理想的那样"眼睛只盯着一个目标"
呢？人们到不了天堂就是因为太迷恋"琐事"了。这其中就包
括靠写"琐事"发迹的伪学者。克尔凯郭尔在日记中写道："我
恨那些伪学者们——我在晚会上有几次不是故意端坐在某个靠嚼
家庭琐事为生的老处女身边,怀着最大的兴致听她唠叨呢？"（《克
尔凯戈尔日记选》，晏可德等译，上海社会科学院出版社）

　　哪些事物在克尔凯郭尔眼里是可笑的"琐事"呢？他在小说
《曾经男人的三少女》中谈道："大一点了，我睁开眼，看见了现实，
我看得大笑起来，从那以后我的笑怎么也停不下来了。我明白了，
生活的意义就是讨一份生活，生活的目标就是获取厚爵高位，爱
情最美满的向往是娶一个女继承人，友谊的好处在于手头拮据时
有人替你付账，智慧就是多数人想当然地认为的东西，热情表现
在演说里，勇气就是敢担十块钱的风险，善良在于能在晚餐桌上
说'别客气'，虔诚在于一年去一趟教会。我看到了这些，于是
我大笑不止。"

　　伪学者们却津津乐道做这样的事，他们写官场成功之道、爱
情指南与宝典、幸福方法谈、财富赢家、诡辩术、食谱与长寿等等，
还假借神的名义把世间俗乐描写成天堂的日子。但当神的使者把

克尔凯郭尔捉到第七重天堂，并让他许个愿，在"青春、美貌、权力、长寿、最美的姑娘以及百宝箱中别的荣华"中任选一样时，克尔凯郭尔却提出了一个出乎众神意料之外的愿望，他的愿望不在使者列给他的选项里，而是"我想哪个时候笑就能笑"。

4. 我以写作拯救自己

"我的生活和以讲童话故事挽救自己生命的谢赫拉扎德何其相似！只不过我是以写作来拯救自己或说苟延残喘罢了。"（《克尔凯戈尔日记选》，晏可德等译，上海社会科学院出版社）

人是基于怎样的处境来谈拯救呢？当我们对抗以至于厌弃现有生活的时候，我们喜欢用"拯救"这个词。拯救意味着要把当下生活的人带向理想的境地——彼岸，因此，拯救是否定当下存在的代名词。

谁最爱使用"拯救"这个词呢？古今中外，使用最多的是神，拯救苦难众生是神的天职。把人带入天堂是所有神的共同目标。拯救总是与这样的环境图景描绘相伴随，因此带有超然的善意和超人的力量。尽管这两种东西并不能如数兑现，但它们总是被树立成不容置疑的权威。

除了神，英雄、首领也经常使用"拯救"一词，这些人不是神但模仿神的样子做事。他们自我标榜、自我设计，以愿景替代现实，谋求对弱者或对手的征服与统治，对此，拯救也意味着破坏固有秩序，打破现有利益格局，重新规划生活的目的和意义。

起初人们是相信规划图纸的，但时间久了，人们发现新的规划与老的生活没多大差别。但英雄和统治首领已经凭借拯救的神力得到想得到的一切了。

还有圣徒、文人、政客喜欢使用"拯救"一词。自法国大革命以来，革命派喜欢使用"拯救"一词。革命的表现是武力捣毁，打破一个旧世界，建立一个新世界。但很多旧世界是世界共有的历史遗产，没什么错，也不必打破。从时间上来说，旧世界是被时间接受和验证为持久永恒的存在，正如天堂从永恒性来考察它也是一个旧世界一样。人们通常会基于各自利益的需要来判断世界的新旧，也根据利益的达成目标来确定革命或拯救的对象。在粗暴的行为面前，拯救是打破旧世界的最好托辞。

拯救是需要想象力的，因此，文人常常充当拯救者。艺术的世界无论是虚构，还是写实，都是对现实的超越和再造，目的是构建一个比现实更理想、更美好的生活图景。艺术家的最大虚妄，就是企图用艺术拯救现实。当艺术家这样想时，他们或多或少都赋予了自己某些天职，这份天赐的使命感常常成为艺术家坚持创作的动力。尽管这种天赐实际上来自艺术家的"自封"。

面对写作，克尔凯郭尔同样怀有宏大的愿望，只是他在拯救人类之前，必须首先拯救自己。"我以写作拯救自己"突出了写作生活的独特性和自足性，突出了一种可以回避生活琐屑与平庸，实现灵魂自由对话和提升的纯净氛围。写作还不是天堂，写作仅仅是帮助他走到天堂的廊桥。只要人还活在世上，他就需要有一个支点支撑自己站立。对于厌恶世俗生活的克尔凯郭尔来说，同样需要在世俗生活之外找一个支点。他找到了，这个支点就是写

作。写作的作用不是让他插翅飞翔，基于他对写作形式创新的苛
求以及对人存在的深刻思考，他的写作并非幻想式的，以不真实
的感觉为依托使自己获得不真实的愉悦，相反，他怀着对生活现
实和灵魂的清晰洞悉，委婉地说人幸福的虚假和痛苦的根源。就
此而言，写作对克尔凯郭尔来说是一种暂时的避难和自我灵魂守
护。写作在滚滚红尘中不是抵达天堂的最好方式，而是无奈的、
不得已的方式，不是具有号召和引领力量的光明大道，而是充满
荆棘和险境的荒僻小路。和神、英雄、政客谈论"拯救"一词不
同，克尔凯郭尔谈以写作拯救自己时，不是将权力牢牢地掌控在
手里并纵容他的征服欲，而是放弃一切带有争斗意味的努力，甚
至弃绝属于他获得世俗利益的机会，将自己孤绝于写作之中。

　　"我只有在写作时候感觉良好。我忘却所有生活的烦恼，所
有生活的痛苦，我为思想层层包围，幸福无比。……我是承受着
内心极大的痛苦才成为一名作家的。……我有勇气敢于直面世人
的嘲笑，并且敢于承受它，就这一点而言，我大概算得上是一个
诗人。"（《克尔凯戈尔日记选》，晏可德等译，上海社会科学
院出版社）

　　德勒兹说"文学是一种谵妄"，而在克尔凯郭尔那里情况似
乎相反，是一种严酷的现实，克尔凯郭尔描述为"苟延残喘"。
这种无望中的希望是如何存在的呢？萨特在评价卡夫卡时道出了
其中的秘密。我想萨特对卡夫卡的评价用在克尔凯郭尔身上也适
合。萨特谈道："我对卡夫卡没什么可评论的，我想说的只有这样，
他是这个时代稀有的伟大作家中的一位。他是位先驱，以写作技
巧作为对自身一种需要的回应。他向我们展示了这样一种境况，

人永远纠结于一种不可能的超越之中，却又执着于相信这种超越是存在的。简单说来，这种超越性是人力所不能的，人类的世界既虚幻缥缈，同时又残酷具体。"（《列维纳斯：与神圣性的对话》，〔法〕单士宏著，姜丹丹等译，华东师范大学出版社）

5. 在孤独中决定永恒之意义

"衡量一个人的标准是：在多长的时间里，以及在怎样的层次上他能甘于寂寞，无需得到他人的理解。能够毕生忍受孤独的人，能够在孤独中决定永恒之意义的人，距离孩提时代以及代表人类动物性的社会最远。"（《克尔凯戈尔日记选》，晏可德等译，上海社会科学院出版社）

孤独是区分个体与群体的一种努力和标志。个体不是指单个的人，个体在被作为关注对象时才是个体。如果单个的人不被作为关注对象的话，他就淹没在群体里。只有当每一个人被尊重时，人才得到尊重。这是谈论人民或公民的前提。哲学家、政治家或思想家有时并不从个体出发，而是从概念的人出发，他们看到了人的普遍性，他们构建普遍人应具备的人的生活秩序，于是，提出了所谓道德问题、法律问题、真理问题等，这些问题逐渐超越了对人本身的关注，而成为社会问题、制度问题、种族问题、政治问题等等。克尔凯郭尔从苏格拉底身上看到个体的伟大在于他勇敢地选择孤独，而不是让自己为献媚、讨好群体而选择等而下之的生活。为此，一个艺术家重视个体生命价值的实现才有可能让他的作品富有永恒的魅力。但正如苏格拉底自比牛虻一样，艺术家拒绝平庸并不等于拒绝普通人的身份，而是要找到属于自己的超越普遍看法看待普通人的独特视角。艺术家的孤独、清高也并不等于艺术家高于普通人，艺术家也是普通人，只是艺术家比普通人更看重个体的价值和意义。艺术家基于对个性的纵容和培养，才让自己和平庸之间划清界限。但不等于艺术家脱离开人的群体，就算他隐居深山僻野，他也仍是人群的一部分。反过来说，艺术家的成长和成功若不是在个性上得到最大化的呈现，那么，他的价值也就得不到认可，就别说迈入永恒的殿堂了。

克尔凯郭尔深刻地认识到这一点，他眼中的孤独不是顾影自怜，而是通往独一无二之境的必由之路。他在日记中写道："所有人当中最伟大的数老苏格拉底，他是知识界的精英和殉道者。只有你一个，苏格拉底呀，知道一个改革家意味着什么，理解你自己所处的那样一种存在方式：那是独一无二的。"（《克尔凯戈尔日记选》，晏可德等译，上海社会科学院出版社）这种品质让苏格拉底不受大多数人欢迎，甚至人们害怕他而要杀死他。但这不是苏格拉底的错，世上所有杰出的人都首先是以个体形式存在的，不可复制。包括伟大的英雄史诗本质上也不会为每一个人所欢迎，英雄史诗只和每一个个体有关，意味着每个人都有成为英雄的可能性。

对个体的尊重即尊重个体的差异和不同的价值观。从个体的价值实现来看，每个人都必须基于具体人的需求和事实来实现。为此，克尔凯郭尔说："我宁愿成为一种有一些意义的具体，也不愿做一个涵盖了一切的抽象。"（《曾经男人的三少女》，江辛夷译，作家出版社）可是，我们总是要面临一些抽象的概念，诸如英雄主义、自由、财富、伟大等，这些冠冕堂皇的概念诱惑并鼓动人们走向群体。正如理想主义总是要以低估当下、高估未来的方式，把人从对现实的不满中引上自欺之路，以至于人们心甘情愿地做着用未来美好图景装点现实陋室的傻事。

在所有未来的图景中，永恒始终占据了显要位置。世界每时每刻都在变，而生活在变化中的人却相信永恒。人担心死亡和消失就创造了永恒的概念。自古至今，我们借助传承下来的东西和预测估价永恒，涉及真理、人性、宗教、艺术等等。与其说我们对永恒之物信心十足，还不如说我们借助永恒暂时遮蔽了对不确定之物的忧虑。我们把应该承担却力所不能及的责任都推诿给了永恒来承担。永恒好比是一个巨大的保险柜，存入其中的东西，因存入者忘记了保险柜的密码，自己最终都无法打开。永恒的问题最终连保险柜一起出现在未来面前。

克尔凯郭尔认为在孤独中决定永恒的意义，孤独就是保险柜。他把忍受孤独寂寞看作抵达永恒的必经之路。他认为越是抵达个体，就越是接近永恒。灵魂的优越之处只是看重个体。对此，他警告人们："无人道地谈论伟大，使伟大变成遥远的模糊目标，或者让伟大成为与人无关的东西（与人无关就不成其为伟大）。使我们成为伟大的东西是我之所作所为，而非碰巧在我身上的什么；同时，显然不会有人认为中彩会使人变得伟大。"（《恐惧与颤栗》，刘继译，贵州人民出版社）

若非站在更高的角度看到了个体（实在）、概念（虚无）问题，我们并不能准确理解克尔凯郭尔所言的意义。即便我们理解了，也不能简单地认为只要坚持孤独就可以成就个体价值。伟大思想家之言常如抹了蜜的毒药，如果信奉其甜，最终受害的一定是自己。

2019 年 3 月 31 日于石湖滴水斋

今天谈论尼采，对我们有什么意义？

有人问我："今天谈论尼采，对我们有什么意义？"

我说："尼采教会我们人当如何自强！"

认识并揭示世界的规律一度是哲学的目的，到了尼采这里，如何认识人自身是哲学的目的。尼采在这方面堪称心理学家。但仅仅从心理学的角度理解尼采未免太狭隘了。从存在的角度看，尼采的贡献就是把人从被动存在的地位提升到主导者地位。在真理与生命的炫彩之间，尼采选择了生命的炫彩。在认同世界的存在与挑战已有秩序之间，尼采选择了挑战。在顺从上帝的意志以便让自己得到庇护，与顺从自己的意志以便发现并成就全新的自我之间，尼采选择了顺从自己的意志。

为什么尼采选择放弃对真理的追求？因为尼采认为这个世界没有永恒不变的"真理"。来自形而上学的"真理"不过是一些人为给定的概念。他说："没有真理，只有解释。"过去人们信奉的真理不过是一种对存在的解释。那么，谁的解释配得上做我们生命的意义呢？如果没有这样的人，或没有这样普遍正确的准则，那么，我们还不如按照自己的意志绽放生命华彩更好。

尼采的认知尽管有些偏颇，但尼采的出发点是欧洲两千多年来追求哲学真理和信仰上帝，但欧洲并没有摆脱苦难的阴影。为此，尼采希望人既不要做已有思想的奴隶，也不要做上帝的羔羊，人要做自我的主宰。正如他所说："每一个不曾起舞的日子，都是对生命的辜负。""但凡不能杀死你的，最终都会使你强大！"

1. 世界是什么？

　　世界是什么？如果真理的永恒性不存在，那么世界就不会有唯一的范式和唯一的结果。既然没有一条抵达天堂之路，那么还期待什么呢？昨天的或者已有的经验能证明什么是对的、什么是错的吗？能证明世界已然如此吗？尼采当然不相信。尼采认为世界存在已知和未知。未知包括未曾知和未可知。未曾知的世界不是不可知，而是尚未知晓。这需要人的探险与解密。世界不是一个固有的存在，世界是生成的世界。变化是世界的本质，所以尼采认为，一切皆虚无，一切皆可能。人不应该囿于对已有世界的认识，而要努力探索新世界、新生活。何为新世界、新生活？凡是超出我们生命认识、经历、体验、范围的事物都是新世界、新生活的内容。人能够与上帝平等，唯有在创造新生活上，拥有平等的意志和权力。尼采说道："对待生命不妨大胆冒险一点，因为好歹你要失去它。如果这个世界上真有奇迹，那只是努力的另一个名字。""假使有神，我怎能忍受我不是那神。"

　　因为取消了真理的永恒性，生命的当下存在就变得十分重要了。同时，取消了上帝的存在，天堂就不存在了。人类的终极归宿也就不存在了。所以，尼采认为人生没有彼岸和此岸之分，人的终极就是消失于虚无。但消失于虚无不等于生命的价值虚无，终极归宿的虚无仅仅警告人们不要靠祈祷和等待换取所谓的终极快乐。尼采明确地告诉大家，那是虚无的，你等不到的。你能做的就是对当下生命的把握，在你有力量的时候，尽最大努力获得如意精彩的生活。他说道："人生没有目的，只有过程，所谓的终极目的是虚无的——人的情况和树相同。他愈想开向高处和明亮处，它的根愈要向下，向泥土，向黑暗，向深处，向恶——千万不要忘记，我们飞翔得越高，我们在那些不能飞翔的人眼中的形象就越渺小。"

在基督教里，上帝通过拯救给苦难中的人们以希望，并利用原罪说，让人们接受苦难的事实。尼采也相信人类存在面临着艰难和困苦，只是这些艰难和困苦和原罪无关，而是和一个人的意志有关。你越是不甘平庸，你面临的苦难就越大。内心强大的人应该知道这样的事实，就是："愈想开向高处和明亮处，它的根愈要向下，向泥土，向黑暗，向深处，向恶。"扎根于困苦和黑暗揭示了生命光华的内在品质。这说明炫彩的生命不是来自对现实的超脱和疏远，而是深入和担当。反过来说，生命的光华就在于对现实的改造和创造，唯此，才是人的华彩，才是生命的华彩，这种华彩真实、美丽，令人赞颂！也唯此，人完成他对"我"的拯救。

2. 为什么要做强者？

人对基本生存的诉求，比如对衣食住行的需求并不显示出人与人之间的差别，相反，在这一诉求面前，人是平等的、一致的。因为平等性，人也因此在这一层面表现出俗常性。一个社会无论发达与不发达，俗常都是它的基本特征。只有俗常，人们的安居、安逸的生活才成为可能。安居生活作为基本生存的目标，使千差万别的人在社会的聚居文明下趋同。这个问题并不随时代的改变而改变。也就是说，我们今天对生活的追求，在基本生存方面和古代没有什么两样，我们所做的不过是重复人类自己。尼采把这种重复称为往复不变的"同一性轮回"。但这一轮回是低级本能的轮回。

　　按照尼采的观点，强者是那些活出自我价值的人。这些人对普遍生存方式和价值观念（平庸）表示拒绝。这一拒绝体现了人渴望成为自在生存的本能需要。自在生存是精神独立本能的产物。人们需要宗教、文化和艺术都源自人们拥有精神独立的本能需要。和基本生存本能渴求安居不同，精神本能渴求被激发、被改变、被影响、被带离。在忘我中，人获得新生的体验。需要指出的是，人们对精神本能需求的满足并不局限于意识形态领域，也存在于物质领域。当一个人对物质的追求超出了他的基本生存需要以后，他投注到物质上的追求都附带了精神上的满足。人只有具备了精神需求本能，才具有思想和创造力。当人对自己不满意时，他就可以通过改变精神欲求，来让自己成为另一个人，尼采称之为超人。在选择成为另一个人过程中，他可能使自己比原来更好（精进），也可能使自己比原来更糟（失败），不管怎样，这样的人都在决定自己身份和存在上体现了"自我主宰"的意志力。

　　现代工业文明挤压了人自我精神追求的空间，因此，哲学家们自工业文明以来，普遍对人类的未来持悲观态度。尼采对此提出了人当重燃"酒神""日神"激情，相对工业的机械化模式，人当成为激情的存在物。海德格尔一方面看到技术时代的到来宣告了以自然系统为依归的古老哲学走向了终结，一方面又不甘心于对技术时代妥协，使人成为"技术摆架"上的展示物。于是，他倡导重回古希腊精神，在"天、地、人、神"四位一体中实现人最大化的敞开与澄明。

改变和左右历史并不仅仅是政治家、哲学家的任务，每个人都是时代的创造者。毫无疑问，我们身处各种矛盾和竞争的漩涡之中，我们处在一个最好的也是最坏的时代之中，强者就是对时代发展起主导作用的人。对此，尼采说："竞争是强者的游戏！"这是一个几乎可以正反都成立的命题，既因为这个时代是最好的时代，我们要努力主导它；也因为这个时代是最不好的时代，我们要努力主导它。在这一点上，尼采的哲学也可以看作竞争哲学。

其实无论出于自卫还是掠夺，人都有竞争本能。只是这种本能在不同人身上表现不同罢了。在强者身上，这种本能表现为对外事物强烈的占有欲、征服欲和统治欲。而在一些弱者或习惯妥协的人身上，这种竞争表现为对自我的说服。竞争的对象不仅限于外在的困难和对手，也包括自己的身心意志。选择顺从生活变化的人，不是说他没有竞争意识，而是他率先说服自己不对抗，心安理得地接受命运的安排，甚至适应压迫和奴役。选择竞争的人则勇于反抗外界操控，战胜内心的懦弱，积极获取自我主宰的权力和生存空间。尼采把后者称为积极的人生，而把前者所谓的

"适者生存"称为"二流的主动性"。

我们在日常生活中面临各种各样的局限与控制，有的是政治权力的，有的是体制的，有的是日常习俗的。仔细观察会发现，我们来自体制的和习俗的控制一点不比来自政治权力的控制少。甚至在思想和艺术界，凡是成体系的东西都是一种具有控制力和约束力的体制。所有的体制都是为维护自身利益设定的边界和指令。由于体制的必然性存在，人的竞争本能就成了必然。人的肉体本能、精神本能在竞争方面，都不如竞争本能瞄准的对象目标清晰具体，也都不如竞争本能更考验一个人的实力（体力、智力、意志力）。

尼采哲学就是竞争哲学，他提出的强力意志就是肯定只有强者才是值得人类赞颂和追求的。竞争的目的是实现优胜劣汰。尼采的这一观点来自赫胥黎自然哲学思想。但尼采的创新之处在于他把价值体系引入对哲学的分析和构建之中。尼采认为一切既有的价值都要重估，包括真理和历史的价值，这就为创建一种全新的思想体系和方法提供了理论前提。为什么要对真理和历史价值进行重估？因为真理和历史都是生成的，而不是固有的，在生成的过程中，万物都始于可能，归于虚无。所以，尼采提出"一切皆虚无，一切皆可能"。可能的世界需要我们创造出来，而不是像自然一样，等待它到来。为此，尼采反对在当下存在之外再去追求一个不确定的"彼岸"，人要主宰自己当下的生活。同时，对于世界的认识有待于发明新的概念，一个可能的世界包括可能的物质形式和可能的认识形式。可能的认识形式来自我们赋予的概念。哲学家和艺术家的职责和使命就是创造和发明新的概念。作为诗人哲学家的尼采，自信地说："一切概念都有待生成。"

3. 为什么要警惕尼采？

其实，强力意志并不是尼采发明的，庄子早就有"内圣外王"之说，《周易》中更是说得明白："天行健，君子当自强不息！"强力意志就是满足获胜需要的内在本能，它储备在每个人的内心，成为一个人行为的内驱力。在中国的传统文化中，由于对"和""适""礼""忍"等文化的倡导，我们总是把回避矛盾和冲突、化解竞争作为行为的首选，看作竞争的上策。但是，我们并不能总是做到"不战而屈人之兵"，事实上，兵法中的上策在人们的意志和心理中逐渐蜕化成软弱、妥协、逃避、顺从。宋代以后，这种蜕化表现得如此明显和持久，以至于国家和民族沦落到落后挨打的地步。物竞天择、强者生存的自然法则同样适用于人与人、国家与国家、民族与民族的竞争。今天，我们正处于这样的竞争之中，这种竞争渗透到经济、军事、科技、文化等各个领域。世界的格局也在竞争中发生剧烈的变革，因此，我们了解尼采强力意志下的竞争哲学是十分必要的。

同时，我们也应该知道，一个个体的人在社会上多大程度上能够自我决定命运？多大程度上要依赖组织和群体？多大程度上要依赖国家制度、法律？这方面细究的话，并没有一个精准的数据比例，不过可以肯定地说，每个人都是独立的，但每个人都不能单独地活着。尼采强调人的个体要自强是正确的，但尼采把个人意志凌驾于一切事物之上，未免夸大了个人意志的作用。我们经历过一些时代，那时，不能说我们的意志力不够强，但我们的意志超出了客观规律和现实条件就成了"笑话"。过分夸大个人意志的作用有时危害还在于纵容人与组织之间的对立，以及排他情绪。个人意志在需要合作完成的组织文化中，并不是一个需要突出的东西，而是一个需要节制和自律的东西。尼采的思想适于培养精英，却不适于建立团队。如果我们把尼采的思想用于团队建设，那么主体称谓就要把"我"变成"我们"。当群体的利益高度一致时，人们的意志力才能获得统一，团队中所有的人才是一个人。这种高度的统一能否做到？这是我们要警惕的。希特勒的纳粹思想就是运用尼采思想的结果，他确实做到了，那是他和他的团队成员统统成为魔鬼的时候。我们不能不担心，当"所有的人都是一个人"的时候，每个人是否还能称其为个体的人？对此，克尔凯郭尔则强调首先要对个体的人尊重，离开个体的人，谈"人民"是危险的和不切实际的。

　　另外，尼采强调人生最终是虚无的，但他自己陷入了自相矛盾之中。他说："谁终将声震人间，必长久深自缄默。谁终将点燃闪电，必长久如云漂泊。我的时代还没有到来，有的人死后方生。"如果我们相信尼采说人生虚无是真话，那么，以上这段话就是假的。如果这段话是真的，那么，尼采说人生虚无就是假的。尼采也许无意要骗人，但假如我们自己不够清醒，我们很可能自愿接受谎话。实际上，尼采最看不起这种人。过度迷信和不加甄别地否定都是无知和平庸的表现。对于前者，尼采告诫我们，你之所以盲目地信仰，是因为你不想知道真相，并放弃了自我主导的权力。对于后者，他警告人们："你们一再嘲笑，须知，他跌倒在高于你们的地方。他乐极生悲，可他的强光紧接你们的黑暗。"

2018 年 7 月 12 日

艺术的最高境界是宗教吗？

　　早上，我转发了一篇微信推文，是丰子恺谈宗教是艺术最高境界的文章。我不赞同宗教是艺术的最高境界这一说法。这要从宗教和艺术的本质说起。

　　艺术的本质在于个性与自由，这意味着艺术成立的前提必须具备这两点。当然，仅凭这两点还不足以评判高级与低级的艺术。宗教的本质既不是慈悲，也不是崇高，而是忘我、舍我。艺术在这一点上恰好与宗教相背离。艺术崇尚个性，而宗教则去个性，因此，说艺术的最高境界是宗教的话，我是打死也不同意的。

　　就具体创作而言，艺术的个性特征或个性追求具有某种相对性。比如艺术家都被御用的时候，隐逸就是个性；比如大家都狂欢的时候，安静就是个性；比如艺术家热衷于表现俗趣的时候，选择宗教修养身心并超越俗趣就是个性……这样，我们就会从大的概念上回到具体的问题或具体现象思考中。这样想，我们会发现艺术和宗教有时会同时存在于一个艺术家或诗人身上。比如但丁借助宗教题材写出《神曲》，你说不清这是作为一个基督徒信仰的结果，还是作为诗人对艺术追求的结果。这两者同时存在于但丁的身上。也正是这样的共存，让但丁写出了《神曲》。在我看来，《神曲》打通了艺术和宗教的阻隔，它是一个完成的一体化存在。就但丁而言，我相信他如果写一部现实主义或别的题材的作品都未见得比《神曲》好。这样看，我认同宗教性题材，而不是宗教本身在但丁的创作中是最高境界。

但这不能推而广之，一切艺术都以宗教为最高境界。艾略特晚年皈依了天主教，之后的作品反倒不如皈依以前的作品好。米沃什晚年在宗教情结下写出的诗歌也不如以前的作品好。宗教性艺术有一个致命的问题，处理不好就成为非艺术。这个问题就是对教旨不加怀疑地尊奉形成的艺术"布道"。一个信徒对他的信仰五体投地的时候，他会不自主地成为一个传教士。这时，艺术就演化为"赞美诗"。

尽管如此，不等于说宗教信仰不可以把艺术带到至高的境界。达到这一境界的艺术一定具有自足和无碍的独立性、自由性。独立意味着可以超脱一切世俗利益关系，自由意味着他拥有强大的精神力量主导支配自己的生命。从艺术存在形式上看，自足独立的个性可以使其艺术不可模仿，无碍自由的能力可以使他的作品不为现有的标准所拘束。这样的艺术家或诗人其创作不是建立在对标准的依从上，而是建立在对标准的破除上。尽管艺术家不能做到完全地忘我、舍我，但他以无标准为标准，以反常为常，超然物外，反倒使艺术抵达至高的境界。比如陶渊明、王维等。

宗教追求的是生命终极归宿，它以生死之事为究竟。因此，有信仰的人能做到真诚不伪，坚定不移。若以此成就最高的艺术境界，需要满足两个条件：一个条件是信仰虔诚，三心二意的信徒只能把宗教当成艺术的贴金纸，改变不了内在的粗陋和功利；另一个是具备高度的艺术敏锐性，将宗教情感和自身生命体悟准确地转化为艺术形式，不因艺术害教，也不因教害艺术。事实上，能够将二者处理得天衣无缝的艺术家少之又少。

　　如果丰子恺说的正是这种情况，我想我会表示同意。但也正是因为抵达这一境界的人寥寥无几，我也乐意相信它本身就是不可抵达的。

　　在我个人身上，宗教和艺术不是对立的存在。我不考虑境界的高低问题，我只关注当下的心在何处。有时我写作，有时我参禅。写作时我只管写作，参禅时我只管参禅。写作时我看到了自己的粗陋，参禅时我看到了自己的功利和狭隘。

面容与镜像：对列维纳斯哲学的多维呈现

　　一位哲学家阐述另一位哲学家是困难的，特别是当你要阐述的对象是自己的恩师，或者崇拜的偶像。柏拉图对苏格拉底的阐述可能是最好的范例，我们不仅看到柏拉图对苏格拉底思想的精准把握，还看到了他对老师的热爱、崇拜和忠诚。但也有相反的例子，比如维特根斯坦对罗素理论的质疑激怒了老师，导致师徒分道扬镳。

　　有人以"我热爱导师，更热爱真理"为由，把导师的思想当作超越和颠覆的目标，这没有错。就阐释的艺术性来看，不同的哲学家都有自己把握的分寸和尺度。比如斯宾诺莎在讲笛卡尔时，尽管他并不全然赞同笛卡尔的观点，但他坚持站在笛卡尔的角度，搁置自己的质疑，阐释笛卡尔思想的本意。这的确需要极好的修养，既要有对笛卡尔思想精准的把握，又要泯除自己超越前人的野心和抱负。费尔巴哈在阐述莱布尼茨时则显示了自己的另一种功夫，即旁征博引法。费尔巴哈借着阐述莱布尼茨把他对欧洲哲学发展的看法都加入进去了，似乎那不仅仅是他和莱布尼茨之间的一次对话，而是和曾在欧洲哲学发展中做出贡献的诸多哲学家的一次对话，甚至，费尔巴尔的语气让我觉得他在内心也设置好了听众——他一直渴望回到大学讲台却始终没有机会。

　　我对以上问题的发现缘自我正在读的这本书，即法国哲学家单士宏先生所著的关于他老师列维纳斯的阐述性著作《列维纳斯：与神圣性的对话》。这本书是由当前最为活跃的年轻哲学家、学者、博士生导师兼画家姜丹丹主导翻译的。近年来，姜丹丹专心于中法文化交流，她和何乏笔共同主编的哲学思想丛书《轻与重》将许多我们不熟悉的法国思想家和哲学家介绍给中国读者，让我们能几乎同步了解法国思想界的动态和主要思想成果。日前，也是姜丹丹的策划，带领两位法国哲学家和一位比利时哲学家到中国的大学进行学术交流。我有幸在苏州与他们见面。特别是单士宏先生亲手送给我他在中国刚刚出版的书《列维纳斯：与神圣性的对话》。

列维纳斯并不好理解，很早我就买过余中先翻译的《上帝·死亡和时间》，但由于我对犹太教，特别是希伯莱语的无知，很难理解他所讲的问题。因此，这本书我只看了前面很少一部分。近日，在读费尔巴哈《宗教的本质》时想到它，又拿出来放到书桌上，准备耐下心来读。就在这期间，单士宏来了，并带来了他对列维纳斯的解读和呈现。读单士宏的书，我就较容易理解列维纳斯。所以，我对单士宏的阐释方式印象深刻，赞不绝口。

我不知道是不是有人和我一样关注到单士宏的阐述结构，它是由浅入深式的，是去我的，是比较式的，是同题映衬式的。单士宏是列维纳斯的学生，有着二十多年的师生情谊，不能怀疑单士宏对列维纳斯的思想不具有精准透彻的了解，同时，我们也感受到单士宏对列维纳斯的观点并非全然赞同。但是，单士宏回避了对老师思想枯燥的复述性的阐述，也回避了因为过多的质疑使得一部弘扬老师思想的书变成对老师的批判。单士宏在书里要么让老师自己说话，要么借助他者说话，这种散点式的阐述把列维纳斯的思想由单一的体系中拿出来，置于与时代政治事件、与其他哲学家的观点、与诗人和作家的观点相对应之中，让我们不仅看到了列维纳斯自己的思想观点（面容），也看到了通过一面面镜子折射出的列维纳斯思想的特质（镜像）。

在这本书里，最吸引我的是对话部分。他几乎让我想到古希腊的哲学传播模式和中国的《论语》。对话中有两个要素是思想诞生的根源，一个是质疑，一个是追问。一个学生如果缺少了这两点，他就不可能从导师那里获得思想的精髓和奥秘。思想的延传就是一个又一个质疑和追问形成的思维波。

对话中的精彩是双重的。一方面单士宏设置的问题深刻、重要甚至尖锐，其中体现了单士宏自己的思考和诸多知识点，这些问题都不是照本宣科可以回答的，而是对思想的现场激发。一个优秀的思想家才能设计出点燃思想的火炬。同时，这些问题犹如一把把钥匙，打开了列维纳斯嵌入在自身思想体系和习惯墙体内的门，使得那些并不敞开的秘密得以敞开。

另一方面，列维纳斯面对问题的回答从容睿智，既有对问题正面的回答，也有巧妙的回避，特别是针对一些质疑批评他的声音，他能客观地看待自己思想和他人思想中的差异性，显示出列维纳斯极好的学养。同时，面对问题，列维纳斯的思想更为开阔了，以至于他关注到以前不曾关注到的问题。比如单士宏提问："在您看来，富有政治色彩的犹太复国主义是否存在一种危险，会让国家凌驾于《托拉》的普遍价值？"列维纳斯显然没有深思熟虑过这个问题，他回答道："排犹主义比犹太复国主义更危险（笑）。

但它也可能走向歧途，谁能否认呢？"（《列维纳斯：与神圣性的对话》，姜丹丹等译，华东师范大学出版社）这些现实性的问题后来单士宏反复提出，比如对二十世纪末苏联解体等重大事件的看法，使得列维纳斯超出对此前他认为重大的奥斯维辛、广岛、斯大林事件等认识范围，不再简单地把对一种社会秩序的构建归结为伦理学，即神圣性——不求回报地给予、奉献、代劳的责任感，而是看到不能忽略的政治因素。在面对单士宏提出的人们批评他"面对自我的无私以及给他者的利益，只是对自我的另一种关注，或者可以说是崇高化的自私主义"时，列维纳斯回答道："神圣性，正是我提到的责任。之所以我们没走到底，之所以我们构建了国家整体，之所以有一种伦理限制这种牺牲，这也许是由于我们不忠实于人的道德处境。不是因为我们做不到倾听自身，而是因为牺牲是不完整的。在神圣性概念里，也许该有一个位置留给政治的概念。政治源自人性的事实，源自神圣性不能在内在性中完成却是要在多样性中实施的事实。"（《列维纳斯：与神圣性的对话》，姜丹丹等译，华东师范大学出版社）

我注意到列维纳斯几个用词上的变化：一个是"也许"，说明他对这个问题的认识还不够确定；另一个是"多样性"。列维纳斯试图将犹太教徒对一神的虔诚情感遍及一切人，指望大家都能做彻底的爱他者，并不求回报地为他者做事，如此，这个世界就平等和谐了。这种单纯的想法面对以色列建国这一事实，发生了改变，他开始认识到一种社会秩序仅仅靠伦理道德是不能维系的，在这里他看到了政治的重要性，以及政治以外力量的必要性。我想说的是，感谢单士宏代我们提出这些尖锐的问题，也让我们

聆听到列维纳斯真实的想法和声音。列维纳斯的犹太血统和从小
受到的苦难让他一次次死里逃生，特别是奥斯维辛集中营的生活
给他的心灵蒙上了绝望的阴影。列维纳斯一方面为犹太民族获取
应有的社会地位而思，另一方面，他也为人类的善恶底线而思。
面对上帝的缺席以及失信（奥斯维辛事件是个证明），人类还要
不要有一个崇高的信仰？列维纳斯提出了"观念中的上帝"概念，
这是对宗教上帝缺席的替补，也是他构筑伦理学中的形而上学概
念——神圣性！列维纳斯的忧虑不是"我"如何存在（此在），
而是"他者"如何存在（彼在）。列维纳斯认为海德格尔的此在
纵容了当下的自私利己主义，甚至民粹主义，奥斯维辛是忽视他
者所犯下的最大的恶。当理性失控时，什么还能约束人不贻害他
者，滥杀无辜？列维纳斯认为人与人之间应该建立一种至高的责
任感，即神圣性带给自己的自律、约束和彼此关爱。这样，我就
理解了列维纳斯为什么提出神圣性问题，为什么一个虔诚的犹太
教徒说出"天堂是空的"这样的话，为什么把伦理学看作第一哲学，
为什么他称自己是"人质"。

列维纳斯在当代法国思想家中是个特例，他并不在古希腊以
来构成的思想体系内思考问题，而是在犹太教的经典《塔木德》
和《托拉》之上的。这两部书是列维纳斯思想的渊源和基因，他
延续的是一种先知之路。所不同的是，他发现很多问题在新的条
件环境下是古先知始料不及的，可有的人仍坚信先知们的预言。
但他不想怀疑信仰问题，于是他看到不是先知预言错了，是我们
不愿意正视眼下的现实，而始终戴着先知的面具看待一切。这一
悲剧与其说是人类的，不如说是犹太人自己的。列维纳斯所发出

的追问并不是为了否定过去，而是为了提出新的答案。他警觉到自己的责任：难道我们不是基于真理和正义的匮乏才不停地追问吗？并没有适用于所有人的真理和正义，比如神圣性。今天，我们重新认识它，因为以往的所有认知都已经失灵。

伦理的成立是建立在自律之上的，这正是宗教的显著特点。列维纳斯希望通过重构伦理学来重构社会秩序以及人际关系，其思想的宗教成分多，哲学成分少；理想化成分多，现实化成分少。在这方面，没有人比孔子做得更好。孔子创立的儒学解决了中国两千多年社会秩序自治问题。但我并不想探讨列维纳斯的伦理学与儒学的比较关系，也不想就"神圣性"的"利他说"和佛教的"大乘菩提"相比较，我只是想回到列维纳斯的观点上来，谈一谈我的看法。在回答单士宏提出的"在《托拉》中有一段特别的情节，提到当摩西与亚伦在会幕里时，上帝是在他们之间说话"时，列维纳斯答道："在那儿的是第三方。仅此而已，不该像讲述一件虔诚的事那样诉说它。同他人交谈的是最初的'您'。当然也可能是别的形式。但我绝对认为，一个拥有平等的社会就是拥有上帝的社会。在《圣经》里的某些章节，正应该这样去解读。"（《列维纳斯：与神圣性的对话》，姜丹丹等译，华东师范大学出版社）

单士宏问列维纳斯是否认为上帝与我们同在，列维纳斯没有肯定这一点，尽管他自己相信存在"神显"，他把上帝的存在看作"他者"的在场，或者是自我的另一个"您"。为什么列维纳斯要否定谈话中上帝的存在呢？这可能恰巧暴露出列维纳斯内在的困惑和矛盾。正如他后面补充所说："我绝对……"这是作为哲学家和作为犹太教徒在列维纳斯身上斗争的结果，列维纳斯试图将宗教哲学化，以便让犹太教获得普遍的话语权，但他的教旨和信仰却常常在内心与他的哲学观点作对。

"但我绝对认为，一个拥有平等的社会就是拥有上帝的社会。"只这一句话，就让我看到了列维纳斯思想的局限性。我虽不是犹太教徒，但也看《旧约》。我很常识地分析一下这个问题。从神性角度看，如果上帝是全知的，那么，他一定知道社会不平等的原因。如果上帝是万物造物主，那么，这个社会的不平等也一定是上帝创造的。从现实角度看，这个社会不会平等，因为有上帝在；这个社会不会失却平等，因为有上帝在。但我们不能把对社会平等的祈求与上帝的存在相等同，让上帝成为我们谋求平等的人质。

我也很想谈谈这本书另一个吸引我的地方，就是单士宏展开的对列维纳斯思想多维的呈现视窗。他让我想到了克里斯蒂娃的互文性和德勒兹的镜像说，而不是尼采的词源学谱系和米歇尔·福柯语义学的知识考古。

"面容的神显"是一个新的概念，其实在中国这个词有着多种对应性，一个如单士宏列举的孔子说"天人合一"（准确地说，这是老子的思想，而不是孔子的思想），这是在空间上天之道与人之道合一。人的天相就是逍遥自在。在佛教里，"面容的神显"体现为佛性本在，人人皆有佛性，觉者成佛。为了教育方便，佛教有像教一说，释迦牟尼成佛后也有三十二相八十种好之说。但佛教反对对一切相的执着，《金刚经》中明确提出远离四相，即不着我相、人相、众生相、寿者相。在道教里，"面容的神显"体现为成仙得道，羽化飞天。甚至在民俗和巫术中还有鬼魂附体之说。作为哲学概念，"面容的神显"包括了海德格尔的此在说和列维纳斯的彼在说。这是我与他者合一的相貌和状态。这一概念与以往哲学对本体的认识不同，这里体现的本体不是独立、纯粹的本体，而是我与他者的复合体，我既是我，又是他者。这就是列维纳斯强调的"超越性"和"存在的彼在"的事实。我见过一些开悟得道的高僧大德，他们表面上看并没有什么不同，但在内心他们已经超越凡尘世界。在十几年的禅修中，我自己也切身体会到不同境界的生命状态，所以，我理解列维纳斯的"面容的神显"并不困难。

在《萨特与列维纳斯：何种对话？》一篇中，单士宏为我们提供了解、审视两位哲学家私下交往和思想方式的机会。在《从面容的神显到神圣性的概念》一篇中，单士宏则透露出了列维纳斯从胡塞尔那里继承的现象学的某些思想。而最令我感动的是，单士宏居然引入了卡夫卡，通过列维纳斯对卡夫卡的评价，展现出了列维纳斯另外的一面，即他对自己学说理论的依据始终如一的找寻。这其中，单士宏提到的马尔罗、贝尼·李维都是我不熟悉的，借此机会，单士宏让我们在接近列维纳斯的同时，也接近了马尔罗和贝尼·李维。很欣慰，单士宏涉及的绝大多数哲学家和作品我并不陌生。比如德里达、克尔凯郭尔、柏格森等。列维纳斯最深奥难懂的就是他基于犹太教和现象学所谈论的"死亡和时间"问题。对此，我有待进一步认真地去读他的《上帝·死亡和时间》（余中先译），我想会有新的发现和受益。不过，关于死亡与时间问题，我获得最好的理解与修炼都源自禅修和佛经，我有十几年的修学体会，今天，死亡和时间对我都不再是一个疑问。正如单士宏所看到的那样，没有哪一种宗教真正解决了死亡的问题，但佛教例外。

在苏州，我和单士宏成了好朋友。他走的时候，我们热情拥抱，我承诺很快为他的这本书写一个书评。现在我兑现了承诺。

2018 年 11 月 4 日于滴水斋

丰饶的绿

在夜晚晦明交界处我们识得绿眼
迎面而来或凝视已久。铜绿，有一丝胆略

光天化日下的绿都不稀罕，我关心的是
没有色差和反光的绿，它不在调色板上

夜晚的底色，如翡翠凝结窒息
绿不指涉视觉，它指涉饥饿和碎身

反向修辞，赐予溃散之灵一顶绿帽子
或特批的绿卡，使其成为真正的贼

深潭的秘密连接某个通道——绿灯畅达
歧义使绿等同于黑，这是多么险恶的错觉呀

狼眼是绿的词源，本指不怕黑暗
引申为坚守本能或追逐猎物

某夜我从一小瓶沙子里窥伺到狼群

那是西撒哈拉沙漠的沙子，有丰饶的绿

2020 年 4 月 11 日

运用空间哲学解决当前的现实问题

1. 作为存在和眺望的空间哲学

空间哲学是人从人出发，认识世界和自我，并引领自己前行的空间视域。对人来说，空间是其存在之本，每个生命都具有与其空间相对应的存在方式和本能。人对空间的需要是生命的基本需要。从最初孕育生命的子宫，到降临人世所需要的生存条件和环境，有了空间才有生存的可能，这个对空间不断寻找和开发的过程，贯穿人的一生。人自身生存目标的提升，也总是以改善生存空间为标志的。从物质层面上说，人不断改善居住条件，无论在城市还是农村，都不断向外扩张自己所拥有的生存空间。在精神层面，人们不满足于现有世界的局限性，而努力获得心灵和思想的自由。宗教和艺术将人带入另一个世界，比如基督教中对天堂的描述和佛教中对西方极乐世界的描述，都是以空间建构为支撑的。客观来看，人类进步也是由人类对宇宙空间认识的不断加深而推动的。这正是基于空间视域，对世界的探究不断朝向两极发展：一个是关于宏观世界的，宇宙的边界在哪里，它是否是无限大的？另一个是关于微观世界的，构成事物的最小单元是什么，在夸克之下是否还有更小的单元？先确定边界和单元，再探寻内部事物的结构和变化规则，这似乎成为科学研究的一切规律的基本准则。因此空间哲学也可以简略表述为关于边界和场域的哲学。日常中有两大问题是人们最为关心的：一个是利益，一个是自由。利益是由有限规则决定的，自由是由无限规则决定的。对规则的判断归结为对空间的界定。中西方哲学上的差异，可以从空间界定以及规则界定上略见一斑。

从哲学起源来看，中国哲学起源于人对自然以及自身命运的认识和把握，人把自己的命运和天地气象特征相结合，以此对事物发展趋势做出预测和判断，代表作是《易经》。在趋势判断中，人不是被动地听命于命运的摆布，而是可以根据趋势做出顺势或逆势的努力，以使自身始终达到最有利的结果。比如《易经》说："天行健，君子以自强不息；地势坤，君子以厚德载物。"可见，人与天地共享一个空间，且人与天地不是纯粹的决定关系，而是互动关系。《易经》的这种空间互动原则可以归纳为以下几点：（1）构成天地万物运动变化的决定因素是阴阳，阴阳即决定事物变化趋势的两种对立能量；（2）阴阳构成了空间和场域，这种空间和场域的大小就阴阳作用的规律而言是相同的；（3）人与万物的变化同样受阴阳场域的支配，阴阳之间的关系是互生互补的；（4）万物在阴阳的能量场里没有灭失，而是化为另外的能量，作为阴阳能量的一部分永远处于互生互补之中，后来的道家哲学根据这一原理，提出了"生生法"；（5）对于任何新生的事物，初期的能量都是微弱的、不易觉察到的，但存在于成长的趋势之中，事物由弱到强的变化，需要在空间内不断集聚所需要的能量（阴阳），这个趋势的壮大依从于空间的壮大，因为空间的边界决定了能量的极限。

西方哲学起源尽管也是出于人对宇宙和自然的认识，但人处于宇宙的决定之下，比如通过观察天体运行规律制定人的行为准则，这就是最初的宇宙决定论，代表作是古希腊早期哲学和古希腊神话。从宙斯、太阳神和命运女神等各自执掌的权力来看，就不难理解古希腊最初是把人置于无条件从属于宇宙规则之下的。

从哲学上看，古希腊哲学具有这样一些特点：

（1）在考察事物特征和变化时，注重对规律的总结和元素的区分，比如泰利士第一个测定了太阳从冬至到夏至的运行，并规定一个月为三十天；

（2）认为构成事物的原始物质是水和空气，而这一切都不是人能决定的，所以，人必须不断通过提高对外部世界的认识来把握自身的处境；

（3）从普罗泰戈拉和苏格拉底开始，逐步强调人在宇宙空间中的决定作用，普罗泰戈拉基于人感知的作用提出"人是万物的尺度"这样的鲜明观点；

（4）在确定人对宇宙空间的依从上，突出对知识和规律的重视，认为找到了主宰世界的知识和真理，人就可以主宰自己；

（5）在空间视域上，由宏观的外在视域转向理性的内在视域，即逻辑、数学和物理学；

（6）人基于对理性的崇尚，开始运用理性规划和眺望未来，即《理想国》。

2.中国道家思想的空间关系以及生生法则

关于中国《易经》中的空间关系和生生法则，后来的道家思想做了细致的阐述。老子《道德经》中把空间分为人、地、天、道、自然，其中"人"的空间里也包括自然事物和生命，人与物在遵从道上没有高下之分，是平等的关系。庄子把这种平等性描述为"齐物"。这样的空间分类不是边界的必然限定，而是彼此互动需要关联的链接点，这种链接是靠趋势规则构成的，而不是僵死的"真理"。老子把这种链接实现的同步共生描述为"法"。"法"既有规则的意思，也有遵从的意思，作为规则时它是名词，作为遵从时它是动词。他提出："人法地，地法天，天法道，道法自然。"当这种"法"达到对"道"的辨认并切实遵从时，人对地道的遵从，也是对天道乃至大道的遵从。人不能决定地，地是由地乃至天决定的，人就更不能决定天，天是由天乃至道决定的。在变化的天地万象中，最久远的莫过于天地，大道也莫过于蕴藏于天地，所以，人对久远的追求，只需循天地大道而行即可。这样的遵循被阐述为"合一"。所以，道家思想确立了决定事物变化趋势和结果的核心能量是"道"。这个"道"并非抽象的理性概念，而是一种能量形态，道家称为本源，它是万物生生不息的根基。老子在《道德经》中指出："道生一，一生二，二生三，三生万物。"如果说道有次第之分的话，这种次第就表现为它生成之物上的差别。这一句从逻辑上可以理解为："道生理，理生法，法生用，用生万物。"比如《道德经》中说到人生七事时，指出各自的生成物是不一样的，他在第八章中说："上善若水。水善，利万物而不争，处众人之所恶，故几于道。"老子所说的"善"是名词，指"美好的状态"。万物美好的状态都应该像水那样，默默地滋养万物而不去争名夺利，也不计较地位的高低和荣辱，这样就接近于道了。老子这一章讨论的不是理，而是用。以"水"之法用，可知诸事之法用。为此，老子进一步阐述道："居善：地；心善：渊；与善：仁；言善：信；政善：治；事善：能；动善：时。"以上七事基本概括了人一生需要面对的问题类别，人若能做到事事都法道而行，人生就不会有纷争，没有纷争也就没有忧患。可见道的生生关系不是就单一事物衍生而言，而是指可以衍生到万事万物之中，包括自然和社会。道家思想通过对道的遵从来构建空间秩序，即人法地，地法天，天法道，道法自然，以及构建人世伦理，即人生七事。所以，道家在思考事物变化时，不是孤立地看问题，而是全方位立体地看问题，是由浅入深、由近及远地看问题。道家的空间视域是立体的，它不仅看到有（现象），也看到无（潜在的动因），看到无和有之间的互生关系，以及这种互生关系在当下和未来的发展趋势。道家的空间哲学发现了万物互生的秘密，它对事物不是采取对立和排斥的原则加以区别，而是以平等的标准来审视，对事物存在的形态和结果不是追求一时成和败的极致结果，而是追求成和败的平衡，因为只有这二者同时存在，才会推动事物更加长久。因此，标志道家空间哲学的两个终极标准一个是长（空间或事物以大道形成的常态），一个是久（时间或事物生生动能的恒盛）。

由此来看，西方思想——主要是古希腊哲学——核心是理性之光，代表哲学家是苏格拉底、柏拉图和亚里士多德。古希腊哲学严格来说不属于空间哲学，因为这种哲学不像道家建立在能量场上的，而是建立在理性或智性思辨上的。无论是苏格拉底的提问式思考，还是柏拉图基于伦理学构建的理性秩序，以及亚里士多德基于逻辑学和归纳法形成的形而上学体系，都未曾像道家思想那样给予每个事物以平等性权利和可能性，都不曾发现每一个事物既是个体，同时也是全部。亚里士多德的普遍性和统一性只是用来区分个体属性和种类，而没有看到不同个体之间的互生关系。从根本上说，古希腊思想认为万物遵从真理而存在，认识万物要以认识真理为旨归。真理是永恒不变的，这一点和道家思想强调万物都在变化中衍生的观点完全不同。正是因为相信有一个永恒不变的真理，古希腊哲学从空间上来看，不像道家思想趋向立体地看问题，而是趋向线性（逻辑）和概念（定义），即动用人的理性，通过观察、思考、归纳、命名给万物建立秩序。面对纷繁的事物，古希腊哲学采取的是分类、辨别、论证等方法，找出具有个性和普遍性的特征，并把普遍性提升到真理的高度，或者把事物按照性质剥离开，对构成事物的最小单元进行切分，以此把握事物的本质和规律。这使得古希腊哲学表现为一种较严谨的、可以论述验证的思想体系和方法。所以，古希腊哲学严格说来不属于空间哲学，而是属于体系哲学或方法哲学。从视域上来看，它是向理的、向内核延展的，所以古希腊哲学以精准为真理的尺度，而这一点恰恰是中国的空间哲学所缺乏的。

3.中西哲学对"一"和"多"思考的差异比较

表面上看，中西方哲学都是围绕"一"和"多"而展开的。实际上中国道家思想中的"一"和"多"与西方哲学思想中的"一"和"多"有着本质上的区别。在道家思想中，"一"和"多"不是包含在一体的关系，而是互生的关系。因为"一"不能被精准描述，"多"也不能被精准描述。老子说："视之不见，名曰夷；听之不闻，名曰希；抟之不得，名曰微。此三者不可致诘，故混而为一。其上不皦，其下不昧，绳绳兮不可名，复归于无物。是谓无状之状，无物之象，是谓惚恍，迎之不见其首，随之不见其后。执古之道，以御今之有，能知古始，是谓道纪。"(《道德经》第十四章)

从这一段可以看出，道家思想中的"一"不是西方哲学中的个性或普遍性，而是事物变化的初始状态，这一状态表现为不可觉知，或者说不能够用觉知去把握的状态，名曰夷、希、微，处于这种状态的事物即是道体，自然天成。这和古希腊强调动用理性去认知的哲学恰好相反。这种初始的道体是不能对它质疑的，所以被描述为"一"。老子认为，尽管这种初始的道体不可凭人的感官智力去把握，但其具有不违天道、不遮蔽地道的正确性，只是其正确程度是不能准确描述的，也不依物而存，也不依象而显，是一种似有似无的状态，若不是在更大的空间中去体察（放眼古今），就无法看到其为道的原则。

柏拉图在"国家"篇中，以苏格拉底与格老康之间关于哲学家的对话方式，谈到他对"一"和"多"的观点：

苏　既然美是丑的对立面，因此它们是二。

格　当然是的。

苏　既然它们是二，因此每个就是一。

格　这也是对的。

苏　对于正义与非正义、善与恶以及其他理念来说，情形也是一样。同样也可以说，就其本身而言，每个是一。但是由于它们和各种行动、各种物体结合以及它们自己彼此结合的结果，它们就出现于各处，因此每一个又表现为多。

——《古希腊罗马哲学》（北京大学哲学系外国哲学史教研室编译，生活·读书·新知三联书店）

而亚里士多德认为：

有一门科学，专门研究"有"本身以及"有"借自己的本性具有的那些属性……我们可以在许多种意义上来说，"有"某个东西，但是一切"有"的东西都与一个中心点发生关系，这个中心点是一种确定的东西，它之被称为"有"，不带任何含混的意义的……说"有"一样东西，也是在许多意义上来说的，但是全都与一个起点有关；某些东西被说成"有"，乃是因为它们是实体；

另一些东西则是因为它们是实体的影响；另一些东西则是因为它们是一种向实体发展的过程，或者是实体的破坏、缺乏或性质，或者是具有造成或产生实体与实体有关的事物的能力，或者是对这些东西之一或对实体本身的否定。

不但那些具有一个共同概念的东西应该由一门科学来加以研究，就是那些与一个共同的本性有关的东西也应该由一门科学加以研究。因为，即便是这些东西，在一种意义上，也有一个共同概念。所以，很显然，对作为"有"而存在的东西进行研究，乃是一门专门科学的任务——但是，不管在什么地方，科学所研究的主要对象，乃是基本的东西，乃是其他事物借以取得自己的名称的东西。所以，如果这些东西是实体，哲学家所必须把握的根源和原因，就是属于实体的。

对于每一类事物，既然有一种知觉，所以也就有一门科学，例如语法就是一门科学，是研究所有分节语音的，因此，研究作为"有"的"有"的所有的"属"，乃是一门研究一个"种"的科学的任务，而研究某几个"属"，则是这门科学中研究某些"属"的各个部分的任务。

现在，如果"有"和"单一"是一回事，而说他们是一个东西，意思是指它们两者相涵蕴，就像根源与原因互相涵蕴那样，而不是指它们两者由同一个定义来说明……因为"一个人"和一个"存在的人"乃是一回事，"存在的人"和"人"也是一回事，用"一个人和一个存在的人"这句子把话双倍地说出来，也没有表达出什么不同的意见（很显然，这两样东西不论在发生上还是消灭上，总是不能彼此分开的）。

——《古希腊罗马哲学》（北京大学哲学系外国哲学史教研室编译，生活·读书·新知三联书店）

这是亚里士多德在他"第一哲学"即形而上学中阐述的关于"一"和"多"问题的观点。从中不难发现柏拉图和亚里士多德哲学的特点：第一，他们的哲学在研究上都有着明确的目的和对象，并且把这样的研究看作一门科学；第二，研究的目的是为了从个别事物中找出事物共同的属性，而找寻的方法是从"有"（存在）事物中"割取一部分，研究这部分属性"，在通过对事物作"属"和"种"的定义而给出不同事物"一"或"多"概念；第三，"有"或存在的事物是靠意义构建彼此关系的，并且这些关系都同时指向一个共同点，这个共同点就是"实体"，甚至说"非有"也是由这个共同点引发出来的；第四，哲学研究既然是按照实体的分类来进行的，那么，有多少类实体，哲学就有多少个部分，所以在这些部分中间，必须有一个"第一哲学"和一个次于"第一哲学"的哲学。

亚里士多德正是基于这些思想，创立了形而上学，提出了逻辑上"三段论"原理，发明了概念、定义、属性、语法等研究工具法。

其实在古希腊也有从空间哲学来认识世界规律的哲学家，比如芝诺。他认为有许多世界，虚空是不存在的；万物的本性是由热和冷、干和湿中产生的，这四种元素互相转化着；人是从土中生出的，灵魂由冷、热、干、湿四种元素的等量部分构成。亚里士多德在《形而上学》第三卷第四章中描述道："如果统一本身是不可分的，那么根据芝诺的假定，它就是虚无。因为一个东西如果增加一些并不变大，减少一些并不变小，便肯定没有这个东西，这显然是假定了存在的东西就是一个有空间上大小的东西。如果一个东西有大小，那就是有体积的，因为有体积的东西在空间中的每一度都有存在……"（《古希腊罗马哲学》，北京大学哲学系外国哲学史教研室编译，生活·读书·新知三联书店）

芝诺认为空间和时间是对应存在的，他指出："你不能在有限的时间内越过无穷的点。在你穿过一定距离的全部之前，你必须穿过这个距离的一半。这样做下去就会陷入无止境，所以，在任何一定的空间中都有无穷个点，你不能在有限的时间中一个一个接触无穷个点。"

4. 从空间秩序构建上看中西哲学的差别

人对空间的认识是对秩序的认识，有时，人看不到空间的边界。空间的边界表现为其被认识的秩序的边界。日出日落让人看到了时间秩序，也看到了太阳和地球的关系。为了利用秩序实现人在空间中的自由和存在，人们努力发现构成空间秩序的秘密和元素。真理就是其中的秘密之一。但真理存在的前提是它已经存在，只是未被发现。这一思想背后设定空间的变化与否不改变真理的性质。于是，我们相信可以没有永恒的空间，但一定有永恒的真理。还有一种认识认为空间是永恒的，比如宇宙永恒论，而空间中事物变动不居，因此，没有永恒的真理。欧洲两千多年来倾心于寻找、验证真理的工作，他们发明了数学、物理学、逻辑学等学科，崇尚理性，试图给出发现真理的路径和检验真理的标准。实际上，至今仍没有一条真理不被怀疑和改写。

对此，中国的道家思想克服了这种"静态"的真理观，发现空间与秩序是动态生成关系，不一样的空间必然会生成不一样的秩序，即道生一，一生二，二生三，三生万物。"道"便是空间，"一"便是秩序，"二、三"便是秩序的要素、应用和结果。从这点来看，上帝如果被当作哲学概念来看，就是一个空间概念，正如中国道家思想中的"天、地"是一个哲学空间概念一样。在赫拉克利特乃至芝诺的哲学里，"天"是作为最高的哲学存在的，相当于中国的"道"，但遗憾的是，这一思想后来发展成"宗教"，将一种变化的空间哲学变成了一元神的主宰世界，使得知识（品尝树上的果实）成了堕落的"原罪"。而在中国，"天"作为存在的一种必备的条件，渗透到人们对事物决策的判断之中，即成事的"天、地、人"三才具足。

中国传统哲学和古希腊哲学在对空间的认识上也有相似之

处。比如,《易经》通过"象、数"来描述空间事物在空间中的存在,古希腊的哲学家毕达哥拉斯也认为世界是由"点和数"构成的。这些认识代表了人们最初从空间观察事物存在的视域,是对空间容纳诸多个体状态的客观描述。这些个体尽管都在相同的空间内,却未必遵从共同的规则,因此共存就成为哲学不可忽视的问题。中国道家思想的"和合"精神与毕达哥拉斯的"和谐"理念本质上是一致的。

古希腊的形而上学试图将空间变化的多元秩序归纳概括为一致性(统一性)、一般规则(定义)或规律性(原理)。他们用预设的准则来检验空间变化的事物,他们宁可怀疑空间的存在(虚无),也不怀疑自拟规则的机械性。这体现了人对空间秩序主管控制的愿望。宗教建立的空间秩序并不强化人的主宰性,而是上帝的主宰性。这种主宰认识削弱了人们在哲学上多空间的正确辨识。人在宗教中努力完成的是情感认同——存在的事实在依赖中找到适应性,而不是在辨识和选择中找到合理性。正如大卫写道:"我的灵魂渴求上帝。"显然,宗教感知空间秩序的方式与形而上学是不同的,它不靠观察、推理和论证等对空间事物研究的方式来发现,而是靠内心的信仰来发现。宗教秩序的意义并不在于推导出一般性原理或最高准则(真理),而在于实现个人的或偶然性的奇迹(上帝的赐予)。基督教中人在空间中的共同体是靠上帝的"慈爱和拯救"来连接的,因此,凡是不信上帝或因为某些原因未能获得上帝慈爱的人,便被排除在"共同体"之外,但中国道家哲学却认为,空间中所有事物都是以平等身份共存的。

5. 运用空间哲学解决当前的现实问题

空间是一个具有包含性的概念，空间的属性是虚无。空间的表现形式是囊括一切。空间哲学就是关于虚无与存在的哲学。空间哲学的核心是虚无如何创造了存在，而不是虚无遮蔽乃至吞没了存在。中国道家哲学"道生一、一生二"就是空间哲学的创造之源。但现在哲学面临的困惑并不是虚无问题，而是存在问题。虚无问题交给了上帝，使得这个现实问题变成了宗教神话，人基于对虚无的无知和恐惧而避而不谈。形而上学接近于对虚无的还原，但形而上学将自己导向对原初性和必然性的可描述，而虚无是不可描述的。虚无属于一维，但它具有无限维的可变性。每一个事物从一维发展到二维、三维等，都有自己的路径。事物维度上的生成与变化在遵从自身规则的基础上，受制于其他事物的约束和影响。在空间视域下，事物的个性并不体现为属性的不同，而是体现为空间场域下的共存特征，正如《易经》中所说的三种形态，即易、不易、变易。

从变的角度来看，人与其他事物是平等的，平等指在空间中存在的权利是平等的，即均处于无有生生之中。但事实上，人是一个会思考的存在物，思考就是虚无构筑万物的过程。这意味着思考本身就是一种推动空间变化的力量，这种力量和太阳产生光、水产生云雾一样，思考也有推动空间万物变化的力量。唯物主义者试图把空间解释为一种具有实体性的物质存在，并且这种存在对人的意识活动具有决定作用。今天，随着科学技术的发展，已经证实数字也是有空间的，信息也是有空间的，乃至一切人的意识和思维都是有空间的。思考的原动力是人对空间的感觉和触及，人并不在安适中思考，人常常在不安中思考。适宜引发人的享乐需求，而不适于发现问题并提供答案。当我们感觉到某种未知的、神秘的事物存在（空间），并因此触发思考时，都是因为神秘让我们感到不适宜。有时，我们把这种探求归结于兴趣，但兴趣不会凭空出现。兴趣就产生于对不适宜思考的迷恋。所有的事情都一样，如果一个人一次性解决了他的问题，他就不会再对这个问题有兴趣。牛顿解决了万有引力之后，他还对宇宙事物有兴趣，是因为他还不知道这个引力最初是从哪儿发出的，即宇宙是怎么形成的这类问题。所以，他还需要思考，只是这一次他面对的不是一只自由坠落的苹果，而是虚无。爱因斯坦解决了相对论之后，他还要思考，是因为他发现了事物存在不规则变化，尽管他说："上帝从不掷骰子。"

从可能性来看，一切都包含于虚空之中，人并没有发明和创造什么，人只是认识并发现到一些事物的真相。有史以来，基于认识能力的有限性，人对空间和实物变化的认识也很有限。相对于宇宙的广大无边，人认识到的空间只是毫末。在对世界以及空间的辨识中，自然科学的发展极大地开阔了人的眼界。在欧洲的启蒙时期，笛卡尔、斯宾诺莎、莱布尼茨分别从空间上构建了自己的哲学体系，但这些空间哲学都是把空间当作物质实体来看的，即把思辨哲学上升到实证哲学，使得空间秩序具有了原理、公式和模型。但这些哲学忽略了空间中不符合理性的部分，即无序的微尘、暗物质、生命密码以及诸多未知事物的存在，在后来的哲学家中，只有尼采最先说出哲学的最高目的是认识虚无。

　　两千多年前，老子在《道德经》开篇即说："道可，道非，常道；名可，名非，常名。无，名天地之始；有，名天地之母。"老子所说的"无"就是虚无，就是空间。在老子看来，空间的包容性是它孕生万有之本。具备了"无"，才会让事物保持多样性，让世界具有共存的秩序。有限的空间其边界也必然是有限的，容纳和孕生能力也必然是有限的，与万物共存的时间也必然是有限的。所以，老子主张要与天地大道合一，建立在道体上的秩序无论以个体存在，还是以共同体存在，都会与天地共久远。

　　运用道家的空间哲学来思考今天的世界问题，就不难发现，任何现实的存在都不会是全然无序的，包括虚无，而在共同的空间之内，人类必然存在一个可以信赖并遵从的"道"，找到了这个"道"，人类就可以实现共生共存。相反，如果世界被分割成无数的空间，人类也必将被分割的空间所禁锢，要么自建壁垒，要么相互对抗。当我们思考如何构建世界秩序、如何创造并分享世界的美、激发并感受不同国家和种族人民的生命热情、构建为世界众生所共享的和平与宁静的生活时，我们就特别需要像道家这样的空间哲学和智慧，我们需要超越种族、文化、信仰、价值观，看到生命共存所需要的空间和条件，并在更久远的意义上构建人类的行为准则。

　　今天，工业化的快速发展和国家与国家之间的过度竞争，已经使地球空间环境受到极大的破坏，同时一些地区战争频发，世界的贫富差距进一步拉大，民族主义和种族主义意识在西方一些国家日益盛行，特别是发达国家保守势力抬头，经济全球化面临终结和倒退。这一切问题都表现出，当今的社会问题不再是单纯的逻辑和理性的问题，而是考验人类智慧眼光和长久存在判断的空间哲学问题。尽管在诸多问题和矛盾面前，人们没有现成的经验可借鉴，但道家说"无，名天地之始"，意味着这正是开始一个新时代的最好机会。希望这样的新生机会不仅仅属于有着古老道家智慧的中国，也属于全人类。

上帝是一个艺术品

在近代哲学发展史上，费尔巴哈虽然不像康德、黑格尔那样具有里程碑式的标志性和影响力，但也是一位十分重要、不容忽视的重量级人物。在他的思想中，广为人知的是他对宗教本质的思考。1842 年，他发表了具有颠覆性意义的著作《基督教的本质》，这本书揭去了蒙在宗教头上神圣而神秘的面纱，首次站在人和自然的角度，阐述了宗教的起源和本质存在。和那些试图通过否定上帝（包括其他原神）进而否定宗教存在的思想家不同，费尔巴哈肯定了人对宗教需要的合理性，只是，费尔巴哈不认为存在一个超出人需求之外的先在的上帝存在。尽管当时这种思想对德国占主导地位的黑格尔主义提出挑战，甚至被马克思用以唤起人民革命的热情，但费尔巴哈没有因此失去自己对宗教本质认识的方向——上帝即人的思想核心。马克思主义者批评费尔巴哈是不彻底的革命者，因为他没有看到宗教的社会属性以及意识形态斗争属性。也正是因为这一点，我感到费尔巴哈更像是一位纯粹的宗教思想者，而不是一位实用主义或社会论、权力论的宗教思想者。作为佛教徒，我不但接受费尔巴哈关于宗教本质的思想认识，而且，也感到费尔巴哈的思想和中国信仰中的"人本思想"以及佛学中的"众生平等，即心即佛"的观点都相吻合。

宗教的基础和本源来自人对自然的依赖感

　　费尔巴哈把宗教的基础和本源归于人对自然的依赖感，首次从人的需求角度指出了宗教存在的原因。人们为什么需要宗教？因为人们除了依赖自身以外，还需要有一个身外的依赖物。人们最初对自然投注的依赖就是原始的宗教。这一观点是费尔巴哈的贡献，在此之前，无论是有神论者，还是无神论者，都不曾站在人需求的角度阐述过宗教存在的原因，而是站在要么否定神，要么肯定神的角度阐述宗教存在的原因。费尔巴哈把人看作宗教的主人（人即神）而不是神的附属物（被拯救的羔羊），同时作为依赖感的宗教情结，费尔巴哈认为就算在否定宗教存在的人身上也一样存在，只是依赖的对象不同罢了。在这里，费尔巴哈把人对自然的依赖看作最原始、最普遍的依赖，意味着人最古老的宗教崇拜是自然崇拜。费尔巴哈说道："人的依赖感是宗教的基础……自然是宗教最初原始的对象……因为人是一个依靠自然而存在的东西。这种东西在动物和动物阶段的野蛮人，是个不自觉的、不自省的依赖性；将它提升到意识中，表象它，反省它，承认它，便是进入了宗教。一切生命都依傍于季节的变化，而唯独人则用戏剧的观念，用度节日的行为，来庆贺这个变化。这些仅表示季节变迁或月亮盈亏变化的节日，乃是人类最古老最原始的本来的宗教表白。"（《宗教的本质》，王太庆译，人民出版社）

　　这里，费尔巴哈首先把人和动物区别开来，人是指具有思想、意识、理性、信仰等更高需求的存在物。人倘若缺少了以上特征，也构不成对宗教的需要。而动物对生存，比如食物、水等本能的需要，因为缺乏自觉性，而不能上升到宗教的需求层面。费尔巴哈想要说明的是，凡是具备人本质特征的人，他们和宗教的关系就像"光对于眼、空气对于肺、食品对于胃那样密切"了。通过阐述以上的依赖关系，费尔巴哈明确地表述道："宗教乃是对于我之为我的自省和自承。"（《宗教的本质》，王太庆译，人民出版社）这和佛法告诫我们的"求佛不如求己，莫向外求"是一个道理。

因此，人对自然的需要培育了两个东西，一个是人对自然的崇拜，比如对太阳或月亮的崇拜，对雷电的敬畏等，另一个是人通过设置依赖对象而满足对自身之外物依赖的礼节和习惯。费尔巴哈在《基督教的本质》中明确指出了这一意识形成的规律和秘密。他说道："人是怎样想的，有怎样的心思，他的上帝就是怎样。人的价值有多大，他的上帝的价值就有多大。上帝的意识就是人的自我意识，上帝的认识就是人的自我认识。你从人的上帝认识人，反过来又从人认识他的上帝，这两者是一回事。人认为是上帝的，就是人的精神、人的灵魂；是人的精神、人的灵魂、人的心情的，就是上帝的。上帝就是人的显示出来的内心、宣说出来的自我；宗教是人的隐匿宝藏的庄严揭露，是人的内心深处的思想的自白，是人的爱的秘密的公开自承。"（《基督教的本质》，载于《十八世纪末—十九世纪初德国哲学》，北京大学哲学系外国哲学史教研室编译，商务印书馆）

从以上的观点中，我们了解到费尔巴哈对人本质的定义，即人不仅是一个现实的存在物（当下实体）还有一个思想和意识的存在物（宗教及未来）。自然也有两重含义：一个是当下的存在离不开对自然的依赖，这种依赖因为人出生地域、家族等因素，而在人们心中烙下深刻的民族和地域文化印记，包括人们对故乡的依赖和守护；一个是人们在思想意识中对宗教的依赖有史以来已经成为一个自然而然的习惯，这种习惯包括节庆、祭祀、祈福等宗教仪式和民间风俗等。上帝不是什么至高的神，而是人自己心灵的映现。

人们设计神本质上是实现自我崇拜

费尔巴哈说出了一个惊人的秘密，他说："神的崇拜只不过是依附在自我崇拜上面，只不过是自我崇拜的一个现象。如果我轻视我自己，轻视我的生命——在原始的正常的情形之下，人对他自己与他的生命是不加区别的……因此，在我所加于生命原因上面的那个价值里，只是那意识的对象才成为价值。我又不知不觉地将这价值加到我的生命上面，加在我自己身上。因此，生命的价值升得愈高，那些生命赐予者——诸神——的价值和尊严自然也就抬得越高。"（《宗教的本质》，王太庆译，人民出版社）

神是人们自己基于自我价值的标定设计出来的，这一点最初设计神的那个人可能更清楚其中的缘由。但后来人被传教者说服放弃了对神真实性的求证，这正是传教者想要的结果，于是抓住人们的需求，放大信仰与不信仰最后的果报效应，通过利诱和恐吓来降服信众。这是我们今天普遍会遇到的现象：诸神无不具有超人的、超自然的力量，这个力量不能求证和检验，它是不可思议的。人若获得神的帮助，或者自己也成为类似的神，必须不能有疑心，越是虔诚越灵验。对此，费尔巴哈指出其中的错谬，他说："一个东西越是高高在上，它所假定的东西也就越多……正因为如此，最高的东西并不是那最初的东西，而是最晚、最后、依赖性最大、需要最多、最复杂的东西。"（《宗教的本质》，王太庆译，人民出版社）

神或上帝从何而来？原来来自我们的设计。我们为什么要设计神或上帝？那是因为我们的需求越来越复杂，越来越不能通过简单的手段获取满足。当上帝被设计出来后，这个设计物相对于人就成了高级的存在，尽管他从实体和需求来说什么也不是，但他享受着什么也不是的光荣和尊严。费尔巴哈把这种虚拟的荣誉和尊严称为"一个东西有了没有任何前提的光荣，则他也就会有什么都不是的光荣，然而基督教徒们当然懂得无中生有的艺术"（《宗教的本质》，王太庆译，人民出版社）。按照费尔巴哈的理解，上帝是一个艺术品，他是人们无中生有造出来的。制造上帝的过程遵从了人们对自然古老崇拜的习惯，只是，人们不再把主宰世界的力量归结于自然本身，而是归结于一个超自然的存在物——上帝！人们希望变化无常的自然有一个控制的力量，以便让人们对自然的依赖更加稳妥可靠。于是，人们按照这样的意愿设计了一个造物主，正如《圣经》所述："上帝说要有光，于是就有了光！"有了造物主，万物就可以控制了，剩下的就是讨好造物主，和他建立密切的关系，当我们有所求而力所不能及时，我们就向上帝求助，请他为我们做主。

　　但是，人们发现只有一个上帝是不够的。人们生活在不同的社会组织中，政治和权力构成了人们生存自由和自主的障碍。费尔巴哈没有看到人们对低一级神的设计，其实是对社会组织形态的模仿。正如人们渴望一个英雄式的首领，或者一个无所不能的智者首领一样，人们在设计了上帝这个主神以后，还需要设计一些守护在他们身边的次一级的神。我们发现当次一级的神设计出来以后，人们会把原来投注到主神身上的依赖感转移到次一级的神身上。这一现象进一步验证了人们信仰的寄托性和可替代性。费尔巴哈对此不是从需求角度，而是从逻辑角度揭示了基督教徒多神信仰的悖论性。他说："基督教徒依照着他们虔诚的信仰，说万物都由上帝而来，都依靠上帝，但是他们又立即依照着他们不敬神的理智，加上一句——只是间接地——上帝只是最初的原因，可是这样一来，便引来了无数个低级的神灵，引来了一大堆中间原因。"（《宗教的本质》，王太庆译，人民出版社）因为人们在设计低一级神灵时参照的是社会组织形态，所以低一级的神灵在依赖度上要比高一级神灵更务实、实用。费尔巴哈将此实用型称为"唯一实在的、起作用的原因，是唯一客观的、感觉得到的原因"。这样我们就能接受上帝缺席以及失诺的现实，我们就能接受宗教本身不断进行的改革。费尔巴哈说得更为明白透彻，他指出："一个上帝若是被摒弃于中间原因的领域之外，便只是一个空有其名的原因，一个没有什么可怕的极度无为的思想物——一个用来解决理论上的困难，用来说明有机生命的最初起源的纯粹假设了。"（《宗教的本质》，王太庆译，人民出版社）

　　人们为什么要做这样的假设呢？为什么将自己的无能投射到

一个假设神灵上呢？费尔巴哈说出了其中的原因。他说："有神论者不能根据自然来解释生命，就将自己的这种'不能'说成自然之不能从自身产生出生命，因此把自己的理智的界限当作自然的界限。"（《宗教的本质》，王太庆译，人民出版社）有神论者这样想的真正动机无非是希望自然具备神性，能基于人们的无限需求提供相应的创造物。但自然的创造和上帝的创造是不一样的，人们发明了上帝，是对自身需求匮乏的变相满足。为此，异教徒看得清楚，他们不把自己匮乏的需求转嫁给上帝，而是保留自己的匮乏，承认自己的匮乏，并以此作为个性的标志。费尔巴哈从基督教徒和异教徒对比的角度，论述了假设神的创造与自然创造之间存在的不同。他写道："基督教徒和异教徒同样喜爱生命，不过基督教徒将他们安享生命的感恩归之于天父；正因此他们谴责异教徒为拜偶像者，说异教徒只停留在感谢和崇拜被创造物阶段，而不是提高到最初的本因，那一切恩惠的唯一真因。"（《宗教的本质》，王太庆译，人民出版社）基督教徒这一指责的背后是确信在被制造的神中（思想物）存在着"圣父、圣子、圣灵三位一体"现象（犹太教认为耶和华神是唯一主，后来的政教一体化进程，由于教皇和教会的参与，使得本来由一神主导的拯救工作，变成一个天主耶和华、救世主耶稣和履行教旨职能的圣灵教会共同体的工作），在这一现象中，基督教徒们获得的依赖和满足是通过"三位一体"的假设，即所谓的第一因，让自己具备了与上帝同在的特权和荣誉。但异教徒对所谓的"三位一体"（思想物）持怀疑态度，因为没有人能证明这种"三位一体"的真实性，基督徒靠着幻想和假设构筑的"三位一体"学说在异教徒强调的自然原理和现实物面前不堪一击。针对基督徒指责异教徒停留在崇拜自然的创造物阶段，他们反问道："我为什么不应当停留在崇拜被创造物的阶段呢？我自己不是一个被创造物吗？对于这个并非来自远处的我说，对于我，对于我这个确定的个别的存在者说，最切近的原因、这同样需确定个别的原因，不就是最后的原因吗？我这个与我自身及我的存在不可分离、不可分别的个性，不是依靠着我的父母的个性吗？（基因）"（《宗教的本质》，王太庆译，人民出版社）

在这里，费尔巴哈对异教徒的描述已经接近科学的认识，他借用了生物进化论和遗传学等科学理论与成果，突出了人作为自然人的基本特征和属性，而这些特征和属性是无法通过"三位一体"而消除掉的。以此，费尔巴哈指出了基督教徒在设计神和崇拜神上体现出的主观意愿和自我满足。尽管异教徒在对现实物质的追求中也包含了"拜物"的情感依托，但让自己依托于一个不断被创造和生成的事物，与基督徒依赖于一个设计好的、完美的、一劳永逸的思想物（上帝）是完全不同的。前者肯定个体和个性的存在，后者忽视个体和个性的存在。前者的生命观是建立在劳动、创造等自然基础之上的，后者的生命观则是建立在寄托、拯救、感恩等超自然观基础之上的。前者正视生命生与死的现实，因此，更热爱生；后者因害怕死亡，渴望逃避死亡的痛苦，进入永恒的天堂。费尔巴哈对此总结说："一个人若不愿生与死，便是放弃做一个生物。永恒排斥生命，生命排斥永恒。"（《宗教的本质》，王太庆译，人民出版社）

由上帝推出世界，是个逻辑的游戏

　　费尔巴哈认为："如果我们把世界或自然化成一个抽象的性质，如果我们把世界弄成一个形而上学的东西，弄成一个单纯的思想物，而将这个抽象的世界认作实在的世界，那么，在逻辑上必然把世界想成有限的。"（《宗教的本质》，王太庆译，人民出版社）费尔巴哈运用形而上学逻辑来验证上帝创造世界不过是一个纯粹的思想物，而不是自然世界。这符合《圣经》里关于上帝创世纪的记载："起初上帝创造天地。地是空虚混沌、渊面黑暗，上帝的灵运行在水面上。上帝说，要有光，就有了光。上帝看光是好的，就把光暗分开了……上帝说，诸水之间要有空气，将水分为上下，上帝就造出了空气……"上帝创世纪的前提是世界处于蛮荒和混沌的状态，这正是费尔巴哈推演出"在逻辑上必然把世界想成有限的"的结论来源。

　　但众所周知，"世界之呈现于我们并不是通过思想，至少不是通过形而上或超自然的、从实际世界里抽象出来的，将其真正最高的本质置于这个抽象作用之中的思想，世界是通过生活、通过直觉、通过感觉而呈现于我们的"（《宗教的本质》，王太庆译，人民出版社）。费尔巴哈要说的是人最初和世界的关系是靠物质形式建立的，在我们认识它之前，世界已经是一个物质的存在了。借着我们的感官和本能，以及生存对物质世界的依赖，我们逐步扩大了对世界的认识领域。而基督教把世界看作是一个先于人、高于自然的思想物，这和事实是相违背的。在十九世纪上半叶，科学思想在欧洲已经具有了普遍的影响力，费尔巴哈看到了宗教的臆想成分，但他并没有对这种臆想的合理性予以全盘否定，而是看到了人们借助这种臆想实现自我慰藉的游戏性。费尔巴哈对此说道："如果自然在抽象思想的立场上化为乌有，反过来在实在世界观的立场上，这个创造世界的精神就化作乌有。在这个立场上，凡是由上帝推出世界，由精神推出自然，由形而上学推出物理学，由抽象事物推出实际事物等一切演绎，都被证明只不过是逻辑的游戏。"（《宗教的本质》，王太庆译，人民出版社）

人们创造一个逻辑的或形而上的上帝不是偶然的。费尔巴哈认为自然是宗教最初最基本的对象，人们在泛自然的崇拜中已经将自然宗教化了。人们通过移情和赋意让山水草木有了人的情感和欲望，上帝只是人们在将自然人格化的过程中对于一切未知世界假想的原因而已。这种假想的原因既有费尔巴哈认为的人的"无知"成分，也包括人们在现实生活中渴望消除内心的疑虑、空虚、恐惧的需要。费尔巴哈在《基督教的本质》一书中谈道："人在宗教中只是和他自身发生关系，他的上帝只是他自己的本质。在这类宗教里，人崇拜那些离人最远、最不像人的物体，星辰、石头、树木，甚至于崇拜蟹螯，崇拜蜗牛壳。他之所以崇拜这些东西，只是因为他已经把自己放在这些东西里面，把这些东西想象成为自己那样的事物，或至少把它们想成充满了像他自己的那样的事物。因此，宗教表现出一个值得注意的，可是很可了解的，而且还是必然的矛盾，即当它站在有神论或人类学的立场时，便把人的本质当作神的本质来崇拜（人的神化），因为人的本质在它看来是个与人不同的本质，是个非人的本质，而反过来当它站在自然主义的立场上时，却又把非人的本质当作神的本质来崇拜

（自然神化），因为非人的本质在它看来是一个人的本质。"（《宗教的本质》，王太庆译，人民出版社）

人对自然的依赖、无助使人通过将自然人格化来化解他们内心的茫然和恐慌。人们不是基于对自然规律的认识来修正自身的行为（中国的道教思想是这方面的典范），而是通过自我情感投射，利用预设的"人格化"的自然神反过来主宰自己的命运。这样的需求越是愚昧的人就越多。费尔巴哈对此指出："什么地方数学的确定性宣告终结，什么地方神学便宣告开始。"当然，这个世界上并不是所有的人都这样愚昧，比如中国的道家思想就认为自然是自然而然之道，是不依人的意愿为转移的。古希腊神话中有个独眼的牧羊人也拥有这样的慧眼（见《荷马史诗·奥德赛》），他说："不管大地愿不愿意，它必须长出草来喂养我的畜群。"

一个人借着上帝所做的事，是他自己想做的事

对上帝依赖的极端表现是献祭，将自己的牺牲视同为一种报恩和追随。深究其因不难发现，凡是如此虔诚的信徒都含有自身神化的强烈欲求——要么渴望被上帝接受，成为天使，要么渴望以此换取进入"天堂"的通行证。无论是一个单纯、善良，可以飞翔的人（天使），还是一个充满阳光和祥和气氛的场所（天堂），都是人基于自然和现实生存状况设计出来的。这一切的基础是自然，其动因是人的需求。人对上帝的恭敬和膜拜证明了人自我目的的确立。费尔巴哈指出了人的需要与自然之间密不可分的关系。

他写道："我若没有自然，即不存在。"

但人们不是始终都处在对需求的渴望中，一旦需求获得满足，人便进入享受阶段。费尔巴哈认为："享受便是一种与需求相反的感觉，感觉到我自身的存在，感觉到我的不同于自然的独立性。因此，需求是畏神的、谦卑的、虔敬的，而享受则是傲慢的、忘神的、不敬的、放肆的。……人一旦在享受中表现出以上的行为，就证明，人对上帝的祷告与膜拜都只是人对自身目标的实现。实际中，享受的这种放肆性，或者至少是不敬性，对于人是一个实践上的必需，是人的存在所依以为基础的必需。"（《宗教的本质》，王太庆译，人民出版社）

人为什么要献祭？因为人内心怀有无法消除的恐惧、怀疑，以及对未来无法把握的焦虑等，所以，人们需要寻找到一条让自己最快也是最稳妥的远离以上心灵问题的路径。而献祭就是这样的一条路径——以自己和神做某种兑换的方式获得对欲求和结果的把握，包括安全感、利益和幸福等。费尔巴哈看到了人在献祭中存在的功利心、交易性和虚伪性，指出："去献祭时，是自然的奴仆，但是献祭归来时，是自然的主人。"由此不难发现，献祭的目的是为了获得更大的权利、财富，以及占有资源上的优先权。费尔巴哈发现了人在献祭前后出现的信仰以及心理的本质变化，于是指出："对自然的依赖感诚然是宗教的根源，但是这种依赖性的消灭，从自然手中获得解放，则是宗教的目的。换句话说，自然的神性诚然是宗教的，但是人的神性则是宗教的最终目的。"（《宗教的本质》，王太庆译，人民出版社）

人是如何通过宗教实现自身的神化的呢？考察宗教的内容，

无非是关于人意志与能力之间、愿望与获得之间、目的与结果之间、想象与实践之间、思与有之间等对立与矛盾的超常性的化解。在意志、愿望、想象等思维活动中，人是不受限制的、自由的、无所不能的——上帝；但是在能力、体力、智力等实践活动上，人是有差别的，也是有限的——一个与上帝相反的实体意义下的人。破除这个矛盾和对立，实现人、神合一（目标合一）则是宗教的目的。

从这点来看，属于人独立的意志和认识的东西也同时属于上帝。上帝在意愿和目的上，并没有表现出异于人的特性，而恰恰集中了人的特性。上帝不是世界的主宰者，而是人创造世界的参与者和帮手。人越是迷惑且无法自控，就越需要上帝帮忙。正好像，人把最困难的事都留给上帝来做，人以此获得对收成的依赖，以及尽可能把失败的责任推给上帝承担。比如使徒保罗说："我播下种子，栽下秧苗，阿波罗灌溉了雨水，而上帝赐予滋长。"马丁·路德说："我们应当……赞颂上帝，感谢上帝，感谢他使五谷生长，同样应当知道，我们从五谷和百果得到饮食和一切必需品，而使五谷、葡萄、百果生长的，并不是我们的工作，而是上帝的赐福和赏赉。"赫修德则说："如果宙斯恩赐一个好结果，辛勤的农妇才得丰收。"

我们对以上的布道只要关注不信教人的行为和劳动就能轻而易举看穿这种"归因"的本质。倘若收成和工作无关，为什么老弱病残要忍饥挨饿？为什么懒惰的人会穷？实际上，人们寄希望于上帝或神的时候，他们的欲求并不能在行动之外得到优先，以及无条件的满足。费尔巴哈总结这些现象说："一个人凭借着上帝所做的事，实际上就是他自己所要做的事。"

破除迷信，看清宗教与哲学的本来面目

费尔巴哈为什么要从逻辑的角度来阐述宗教的本质呢？这是基于宗教和哲学在西方思想中长期以来纠缠不清的关系引发的。一方面《圣经》以一种神话的形式存在，但《圣经》并不是西方思想的原始出处或起点，西方思想的原始出处与起点是古希腊哲学、数学、逻辑学、诗学和神话。其中数学、逻辑学贯穿于哲学的思考始终。从思想特质来看，古希腊思想是强调通过观察、实践、推理、验证等方式获得真知的理想思维方式，目的在于求真，即事物存在的本质，或事物发展变化的终极规律。所以，亚里士多德把决定真理的第一因定义为上帝。但不同事物有着不同的内在规律性，也就意味着决定其规律的第一因也不一样，所以，亚里士多德承认存在多个上帝。后来的笛卡尔进一步运用数学的方法突出了哲学思想的理性成分，特别是推出了方法论，但涉及真理的第一因，笛卡尔还是陷入了神秘主义或宗教的窠臼之中。笛卡尔在发现运用规律之后，针对是谁最先推动宇宙万物运动的这个问题，他把推动运动的那只手归于上帝，称之为第一因。对此，斯宾诺莎和莱布尼茨都提出与笛卡尔完全相反的理论。此前的经院哲学不必说是宗教和哲学的混血儿，作为新时代哲学的代表人物笛卡尔，其思想也仍然含有一定的宗教成分。斯宾诺莎和莱布尼茨两个人最大的贡献就是，在笛卡尔之后推动哲学大踏步地朝

着摆脱宗教影响的方向迈进。德勒兹在《莱布尼兹和斯宾诺莎哲学中的表现理论：哲学中的表现主义》一文中说道："这两位思想家从各自不同的观点（莱布尼茨：单子论；斯宾诺莎：样态及平行说）出发所提出的表现概念，究其实无疑是反笛卡尔思想的。这个概念蕴含着对自然及其力量的再发现，也隐含着某种逻辑和本质的再创造：这是一个新的'唯物主义'和新的'形式主义'。"廓清哲学和宗教的边界一直是西方近代哲学家努力的方向。但奇妙的是，我们看到在这种廓清的努力下，催生出了一种新的哲学，即宗教哲学。

费尔巴哈意识到这个问题的存在，所以，他需要明确自己是在哪一个层面来讨论宗教的本质问题。他把自己的研究定义为"宗教哲学"。他给出的定义是："这里所谓宗教哲学，并不是我们基督教神话那种幼稚的、幻想意义下的宗教哲学，基督神话是把每一个荒诞不经的历史故事都说成事实来骗人的；同时，它也不是我们的思辨宗教哲学那种迂阔意义之下的宗教哲学，思辨宗教哲学和过去经院哲学一样，是径直把信条当成逻辑的、形而上学的真理来力加证明的。"（《十八世纪初—十九世纪末德国哲学》，北京大学哲学系外国哲学史教研室编译，商务印书馆）

费尔巴哈认为，哲学和宗教，一般地说，亦即撇开它们独特的区别来说，乃是同一；因为思维和信仰者是同一实体，宗教的形象也就同时既表现思想，也表现事物。但费尔巴哈并非要混淆理性和信仰的区别，他认为在人的身上，理性是常规，信仰是例外。信仰的特殊性和理性的普遍性并不完全一致。他说的同一仅仅指思想和信仰都发生在主体人身上。决定选择理性还是信仰的权力掌握在人的手里。对此，人有什么样的需求就会选择什么作为行为的主导力量。"宗教是人的隐匿宝藏的庄严揭露，是人的内心深处的思想的自白，是人的爱的秘密的公开自承"，这段话说得既准确又具有文采。费尔巴哈把人看作一个实在的实体，正是因为有了人才有了宗教，而不是先有上帝后有人。而宗教中的合理成分均来自人内心的需要与期望的映现，这种映现与来自理性的诉求与行动在本质上是一致的。这就破除了宗教不可知的神秘性和超人的神圣性。费尔巴哈更愿意把上帝看作人在理性和情感的选择上真理和爱的代名词。一方面，费尔巴哈看到理性在运用上的无限性；另一方面，指出上帝作为一个至高的对象，已经充实进了全新的人的生命信息，而这些信息正在现实生活中被不断开发和利用，使人认识到生命内在蕴含的无限潜能。针对宗教追求生命的永恒，费尔巴哈指出："谁害怕自己有限，谁就害怕存在……你相信爱是一种神圣的属性，是因为你自己在爱；你相信上帝是一种智慧的、善良的实体，是因为你见不到自己身上有任何比善良和理智更好的东西；你相信上帝存在，相信上帝因此便是主体或实体——存在的东西就是实体——是因为你自己存在，自己是实体。"（《十八世纪初—十九世纪末德国哲学》，北京大学哲学系外国哲学史教研室编译，商务印书馆）

　　费尔巴哈告诉我们，宗教就是那种与人的本质合一的、对于世界的本质和人的本质的看法。只要人还具有一个单纯的自然人的宾词，他的神就还是一个单纯的自然神。什么地方人住在房子里，什么地方人也就把他的神关在庙宇里。从古希腊神像雕塑家那里，我们感受到人投注到神像中的成分，即尊严、高尚、肃穆和开朗，这些正是那些雕塑家们自己强烈渴望得到的东西。从这点来说，费尔巴哈认为宗教某种程度体现的就是人"最高的礼貌感"。古希腊神话中由于那个时代人们崇尚英雄、身强力壮的人，所以，宙斯成为天神，因为他在众神中最身强力壮。在古代日耳曼人看来，战士的美德是最高的美德，因而战神也是最高的神，战争成为"原初的法律或最古的法律"。

由此，费尔巴哈重新界定关于神的定义。他说："最根本的真正的神圣实体并不是神性的属性，而是属性的神圣性或神性。所以，神学和哲学一向认为是神，认为是绝对的、实体的东西并不是神；而他们不认为是神的东西却是神——这就是属性、性质、规定、一般的现实性……人，特别是信宗教的人，本身就是一切事物、整个现世界的尺度。凡是使人感动的东西，凡是在人心里造成一个特殊音响的东西，哪怕是一个奇怪的、无法解释的响声或音调，人都把它独立化成为一个特殊的实体，成为一个神圣的实体。"（《十八世纪初—十九世纪末德国哲学》，北京大学哲学系外国哲学史教研室编译，商务印书馆）

2018 年 9 月—12 月于石湖滴水斋

天才与疯狂

一

天才是一个被我们误读又近乎滥用的词。在艺术上，这个词的价值需要靠另一个词来佐证，这个词就是疯狂。仅有天才而不疯狂的人，可能会有成就，但不会是独一无二的成就。天才且疯狂的人，才会有不可模仿、不可替代，甚至不可超越的成就。如果按照这个标准去衡量，古今中外堪称天才的人并不多。

那么何为天才？何为疯狂呢？

柏拉图认为天才是一种神的品质，他具有优于人的能力，他不参与普通意义的思考，而是参与超常意义的思考；他不关心真理、立法这类来自理性的问题，而是醉心于美的创造和发现这类灵感性问题。因为柏拉图把天才的特征定义为非理性的灵感，所以，相对理性而言，柏拉图把这种特征称为疯狂。在他眼中，诗人正是这样的人。他说："诗人又清醒又疯狂。"在柏拉图那里天才定义的是感知的方式，而疯狂定义的是行动的方式。在感知的领域，天才带给我们未知的想象和幻觉世界；在行动的领域，疯狂表现为对规则、法度、公理、意识、经验、逻辑等理性确定物的超越。从创造力上说，天才的创造力杰出且是没有条件和缘由的，仿佛神赐；同时，从对作品与荣誉的态度上来看，天才的创造是不计后果的或不吝惜生命的，仿佛献身。通过疯狂，人与神之间的距离才能缩短，并借着人的言行使无形的神现身。所以，天才的诗人不向我们展现"思想的真正功能"，而是展现我们与永恒事物的亲缘关系。这就是为何"诗人是发光而快速的，且神圣的事物"的原因，是"脆弱而不可驯养的灵魂"的原因（雅克·马利坦）。

　　这一思想在欧洲影响长远，意大利文艺复兴时期的画家委罗内塞（1528—1588）在总结自己的创作经验时谈道："我们画家像诗人和疯子那样放肆。"德国启蒙时期诗人诺瓦利斯（1772—1801）则对柏拉图式的疯狂做了进一步说明，并且在对待事物和作品的态度上，在创造者和作品之间的关系上有了突破性的发现。他说："诗人确实疯了——这种疯换来的是一切都在他的内心发生。他的每一个细节都同时既是主体，又是客体；既是灵魂，又是天地万物。"诺瓦利斯通过自己的创作实践揭开了天才和疯狂的秘密，即天才且疯狂的表现就是所有创造力都源自内心，而他的每一个创作细节都天衣无缝、浑然天成。这区别于那些精雕细琢、苦心经营式的创作，也区别于后来分析美学下的要素组合式的创作，包括基于对独特性追求而有意识进行的意识、观念、语言和形式上的"冒险"性探索。只要是还带着某种意图和功利心去创作，就算不上是天才且疯狂的创作。比如，按照无意识规则创作的作品，原则上属于理性的创作；按照类似德勒兹看到的感觉的逻辑所创作的作品也应该看成是理性的作品。在这一问题的甄别上，也许没有显见的标准，我们可能会在敬重的层面对这样的杰出艺术家或诗人称其为天才，但若严格地讲，只要他还有一条遵循的线路，不管是明是暗，都算不上天才。比如受弗洛伊德潜意识影响写出第一部意识流小说《尤利西斯》的作者乔伊斯就不能算是天才，他也不够疯狂；按照意象主义原则、传统经典和象征主义批判精神写出《荒原》的诗人艾略特也算不上天才。同时，我们可能愿意把凡·高、卡夫卡等这一类型的艺术家称为天才。当无意识、潜意识、直觉、结构、解构、抽象、印象等等成为创造原则的时候，依此而进行的创作都不能算是天才的创作。

二

诺瓦利斯的天才——疯狂主客体合一说在叔本华那里被进一步发挥。叔本华在哲学上的天才在于，他说出了一直被人们忽略的一种认知世界的途径，即"不应该用不熟悉的东西解释熟悉的东西；而应该从熟悉的东西出发，去接近不熟悉的东西"。他的疯狂则表现在说出"世界是我的表象只是半个真理，世界是我的意志才是完全的真理"这样惊世骇俗的自大之言。如果说在柏拉图那里感知的方式还存在主客体分别的话，那么在诺瓦利斯那里，这种分别已经被抹平。但是，这种抹平是靠对艺术创作的全身心投入，他和世界的合一是以艺术高度完美的形式为标志的。叔本华则超出了艺术创作的局限性，看到了人和世界存在的普遍关系。他认为在这个世界上，"唯有意志是自在之物"。我们"生活其中的世界，按其本质来说就是意志和表象的存在。为此，每个自己就是这全世界，就是小宇宙"。叔本华通过肯定人具有的天才把世界带向了疯狂。

和此前所有的哲学家不同，叔本华不是运用理性、逻辑、形而上学来认知世界，而是运用艺术思维（非理性）来认知世界。叔本华把艺术的世界看作世界的高级形态，看作人从痛苦走向解脱的必由之路。叔本华认为人在审美中，"那沉浸在观审中的主体，是一个纯粹的、无意识的、无痛苦的、无时间的、不受一切关系约束的认识主体"。用德语中的一句成语说就是"自失于对象之中"。叔本华对这种自失解释道："人们忘记了他的个体，忘记了他的意志；他已仅仅只是作为纯粹的主体，作为客体的镜子而存在。"（《作为意志和表象的世界》，石冲白译，商务印书馆）

<h2 style="text-align:center">三</h2>

天才说是叔本华把自己孤立于大众之外的隔离线，它强化了叔本华的个人影响力和地位。天才包括天赋的成分和才能的成分，天赋是先天的，才能是后天培养的。前面的部分由于内在基因的差异可能无法类比，但后面的部分并没有什么神秘性可言。在创作过程中，就算是天才也不得不使用语言表达，也不得不依托肉体赋予我们的感觉功能去感受与发现。这些感受离不开眼、耳、鼻、舌、身、意。灵感、顿悟、直觉这些来自人本能的认识也不是什么新东西，禅宗早就如是了达真相了。在天才与疯狂之间，并不是所有的天才都必须表现为疯狂。其中有一种天才表现为先知性创造力，这种天才以智慧见长。费希特称这样的天才为上帝，

他说："天才像上帝，疯狂像野兽。"在费希特的眼里，天才是那种有着超常创造力的人，而疯狂恰恰相反，他们更喜欢破坏一切。但是，当考察上帝的创造力和诗人的创造力的特性时，我发现这二者之间存在着鲜明的不同。

上帝的创造出自一个事实：它是先在创造性的，从不自事物中接受什么，因为在上帝创造之前事物尚未存在。这个观念绝不是由他自己的创造对象所形成的，它只是，而且纯粹是形成性的和形成着的。上帝基于他的需要和权力来创造，他创造的都是符合服从他绝对统治需要的东西。他并不基于趣味、美和自由来创造。

诗人的创造与上帝的创造不同，尽管不能说绝然有别，但差别是显见的。上帝创造规则（必然），而诗人创造美（偶然）；上帝基于权力和光芒的投射来创造他的造物，诗人则基于消弭和忘我创造他的造物；上帝有唯一不变的本体，他始终基于此出发，创造他想创造的，他的目标是所有的造物都附属于他的主宰；而诗人拥有变化的本体，他创造他无法预测之物，他的造物不是附属于主体，而是成为一个独立体（作品本身独立存在），替代诗人而存在。最根本的区别在于，上帝创造是为了呈现世界的唯一权威性和永恒性，而诗人创造是为了呈现世界的多元性、瞬时性和幻灭性。

显然叔本华所说的天才不是以智慧见长的"上帝型"，而是以情感见长的"诗人型"。叔本华认为越是天才的人痛苦越多，而当天才激动时，他就像一个疯子。但事实可能恰好相反，是多舛的命运给了叔本华与众不同的人生感悟。他选择非理性、悲观地看待世界，禁欲，隐居，表面上看充满了不寻常的举动，实际上他对自己和未来有着清晰的谋划和定位。无论基于对康德的过度崇拜，还是对费希特、黑格尔的过度诋毁，都暗藏着他谋求个人存在感的内心企图。从叔本华开始，天才不再是一个个人问题，而是一个哲学问题。

四

爱因斯坦说，上帝从不掷骰子。他认为万物变化生成皆有因果。但尼采认为，人因为自身的混沌，常常在大地的桌子上投掷骰子，于是，大地"颤栗着崩裂了"。投骰子是肯定偶然和天意，所以天才和疯狂就像是一个靠投骰子决定一切的人。

如果把遵循规律和遵循偶然性看作一种人的游戏的话，那么，表现在规律上的天才是发现和运用上的高手，而表现在偶然性上的天才是颠覆和破坏的高手。前者把人导向对自身能力的肯定，后者把人导向对自身运气的肯定。在艺术上，多半天才属于后者，他们命运多舛，那正是因为他们没有打算依靠自身力量掌控命运，他们不是命运的牺牲品，而是命运的挥霍者。他让所有试图通过权力决定生命的力量失效。就像西西弗斯曾扼住死神的喉咙，天才注定是一种不驯服的力量。

尼采和叔本华都重视意志，但两个人的天才观却截然不同，叔本华还是天赋说，而尼采则否定了天赋说。尼采认为天才不是天性具有的，而是"积聚着巨大能量的爆炸物，其历史的和生理的前提始终是，他们身上长久地搜集、积累、节省、保存着能量——长久地不发生爆炸"（《偶像的黄昏》，周国平译，光明日报出版社）。

天才的表现在于持久的积累遇到偶然的刺激后，而发生的"爆炸"，这种偶然的刺激把"天才""事业""伟大命运唤入世界"。尼采认为这种呼唤物与"时代""环境"和"时代精神""公众舆论"不相干。对于一个能量储备到足够多的人来说，"伟大是必然的，而他们出现于其中的时代是偶然的。"

天才和时代的关系，"犹如强与弱，年老与年轻的关系，比较之下，时代总是年轻的，单薄的，未成年，不可靠，稚嫩得多"（《偶像的黄昏》，周国平译，光明日报出版社）。天才的出现并不标志一个时代的开始，而是终结。尼采说："伟人是一个终结；伟大时代例如文艺复兴时代是一个终结。天才（创作天才和行动天才）必然是一个挥霍者，耗费自己便是他的伟大之处……自我保存的本能似乎束之高阁；汹涌之力的过强压迫禁止任何照料和审慎。人们把这叫作牺牲精神，人们赞美他的英雄主义，他对自身利益的漠不关心，他的献身于一个理想、一个事业、一个祖国：全是误解……他奔腾，他泛滥，他消耗自己，他不爱惜自己——命定地，充满厄运地，不自由地，就像江河决堤一样是不自由的。"

尼采看到把天才神话的危险后，指出天才是"积聚着巨大能量的爆炸"，将天才的资秉和努力一并归入人自我积累之中。"爆炸"是一个人能量的瞬间释放，并令我们为之震撼。这一结果也表现为疯狂。如果天才是令我们为之震撼的人，那么，尼采的判断没有错，同时，尼采将天才拉回到人群里。我们把天才当人看待还是当神看待，是尼采着重强调的。毫无疑问，尼采认为天才即人，其卓越而疯狂的表现即"爆炸"。所以天才是不懂得珍惜自己的人，是挥霍自己的人。他的过人之处，不仅在于他积累的能量过大，也在于他挥霍自己时毫不吝啬。而叔本华强调天赋等于强调天赐，暗示着能力、地位的优越感。从挥霍的角度来说，这样的天才恰好相反，他们更懂得经营自己，把自己从凡夫经营成神，接受供奉和朝拜，这一目标就是不朽。

天才是能量积累的爆炸，天才是自我挥霍，天才是时代的终结者，时代和天才比是稚嫩的。尼采的这些观点突出肯定了一个人成为伟人持久努力的成分，个人的意志力在其中发挥了主导作用。当积累的外部条件和环境相同，谁积累得更多，取决于个人的意志力；当积累的东西差不多时，谁能在"爆炸"中释放出更强大的杀伤力，取决于个人挥霍自己的意志力。这样看，我们就更为诚实地看到天才与疯狂成功的内涵和精神本质。同时，我们也不难看到那些平庸之人，无非是为了眼前的利益，不肯做出挥霍自己的疯狂选择，他们在"保全自身"中浪费并抵消掉了积累的能量，使得"爆炸"性的创造力被循规蹈矩所扼杀，他们选择平庸的理由就是因为平庸安全。而天才来到这个世上，他们不是为了享受安全感的，而是为了制造不安全感，所以，他是终结者，而不是守护者或赞颂者。

天才的狂妄通常表现出"无礼"，尼采将其归结为两个方面，一个是对必然性怀疑，一个是对意义怀疑。接受必然性使得人在具体事件面前不敢突破常规，是"怯懦和软弱的泛化"。接受意义等于接受一种解释，而世界是无限可解释的。所以天才就是那些不相信存在必然性和权威之解释的人。尼采说道："人的狂妄无礼——他在哪里看不见意义，他就否认意义。"

尼采希望每个人都成为天才，所以他说："每一个不曾起舞的日子都是对生命的辜负。"基于人们对创造力的开发，尼采与平庸为敌，主张人要燃烧自己，做"超人"。尼采的观点不可能获得普遍的认同，也未必都正确，比如他说人在哪里看不见意义，他就否认意义。这仅仅反映了人的一种思维方式，还不能代表人的行动力。意义来自人们对事物存在的解释，存在意义的地方必有利益（利身、利心）。人根本上是利益的存在物，而不是意义的存在物。人和利益的关系不仅仅是诉求和满足的关系，也是生存与维系的关系。活着就是使自己利益获得实现（利己、利他），这是价值所在，人因有价值而有意义。人在创造新事物时就是创造新价值、新意义。所以，尼采这句话准确表达应该是："人的狂妄无礼——他在哪里看不见利益，他就否认意义。"

五

尼采把天才表现为一种力的性质，称其为权力意志，并建立了力的系谱学。系谱学意味着按照延传和影响的脉络追究根本的区分和起源。德勒兹对尼采的这一意图有透彻的洞察，他指出："权力意志作为原则并不抑制偶然性，相反它暗示偶然，因为没有偶然，权力就不是可塑的和易变的。权力意志把偶然置于它的中心，因为，只有权力意志能够肯定一切偶然。"（《尼采与哲学》，周颖等译，河南大学出版社）"可塑和易变"意味着天才之见也难免会沦落为平庸之语，因为现实始终是为平庸者所掌控的。天才如果不能在燃烧自己中结束一生，他很可能会在后来的生活中，面对功成名就或挑战堕落为平庸者或守旧者。德勒兹看到了尼采这一思想潜在的变化风险，他指出："尼采，这位价值哲学的始创者，倘若他能长寿一点，他将看到自己最具批判性的观点服务于甚至转化为最平庸、最低贱的完全意识形态化的守旧主义。"（《尼采与哲学》，周颖等译，河南大学出版社）所以，伟大的天才应该保持自身的不完美性，就像有着残肢断臂的维纳斯雕像和罗马国家博物馆收藏的狄奥尼索斯雕塑一样，不完美意味着他是起源的创造者，而不是辉煌结果的受益者和守护者。

真正的天才会为自己早死庆贺，他们要么认为自己的创造使命已完成，而这个平庸的世界不值得留恋而选择自杀；要么出于疾病、迫害或意外，上帝提前将他们带回天国。对此，我们常说"天妒英才"，这真是庸人之见，天为什么要妒英才呀？"英才"都是"天"派下去改造人间的，何来妒忌呀？准确地讲，叫作"天护英才"。天怕的是人间的庸俗之气毁了一个"英才"。

但这不等于我们鼓励天才主动选择自杀。"天才"自有天才的使命，尽管尼采不赞同天才选择有利于自己的方式生存，实际上，古今中外，天才也形成了适于天才的处世哲学。歌德曾说："才能是在合群中培养的，天才是在离群索居中培养的。"选择孤独或隐居是天才们常有的生活方式。正如庄子的逍遥游，他们挥霍自己才华和生命的方式是选择"无用"和"寂静"。为此，笛卡尔功成名就后离开了自己的祖国到了荷兰，为了避免打扰，他在荷兰甚至变更住址。斯宾诺莎拒绝了海德堡大学任教的职务，选择隐居。类似的例子很多。同样，早亡（包括自杀）的天才也有很多，比如著名画家凡·高，诗人叶赛宁、特拉克尔、中国的诗人海子、顾城，作家川端康成、海明威、茨威格等都死于自杀。智者不贪恋人生，如果衰老成为创造力的障碍，那么衰老就是对天才的羞辱。如果昏聩是不可避免的，那么昏聩就是天才生命的堕落。荣誉和成就对天才来说都是累赘，天才重视它也蔑视它。重视它是出于他要证明自己与众不同，蔑视它是因为那根本不是他想要的，他的目的不在此。

法国诗人兰波把天才视为盗火者，他强调的不是被钉在高加索山上的普罗米修斯的受难精神，而是敢于点燃火焰、照亮人间黑暗的神圣责任感和英雄气概。天才生来就自命不凡，不走寻常路，令寻常的人不舒服。他们携带的能量随时都可能"爆炸"，给人们带来震撼，甚至"伤害"。兰波当年到了巴黎之后对当时巴黎的文学圈子带来巨大冲击，他在酒馆里痛骂几乎每一个知名的作家和诗人为平庸之辈，他的桀骜不驯让他觉得整个人类进步的文明都与他格格不入，所以，他毅然选择到非洲的蛮荒部落，甚至沙漠中生活。兰波被后来人称为行为主义的鼻祖是名副其实的。

回忆人类的辉煌历史，我们会说出一些标志性的时代和人的名字。某种程度上来说，历史是由天才开创的，人民只是他开创成果的受益者。人民是创造历史的动力，这句话只在当天才的创造演变成日常平庸生活时才有效。我们也发现，真正的天才不仅不是那种期待他人肯定、称道的人，也不是那种心灵与行为分裂的人。他知道自己是创造价值的人，他尊重并纵容自己内在的品质和个性，他知道用什么样的生命之火和飞翔的翅膀，可以照亮黑暗，可以抵达自由。但我们也需要擦亮眼睛，因为现实中疯狂的人多，而真正的天才少之又少。

2019 年 1 月 19 日于石湖滴水斋

德勒兹的纸牌

真实的地方，不存在于地图之中。

——梅尔维尔

1. 哲学是思想的游戏

德勒兹是一个纸牌游戏者，他不是一个人玩纸牌，即街头杂耍式的人。对他而言，那是小玩闹、小把戏而已。他玩的是桥牌，他需要一个搭档，即研究对象，比如在《感觉的逻辑》中，他和弗朗西斯·培根打对手牌，他坐庄，弗朗西斯·培根的牌摊开。同时，他也需要一个或几个对手，即和他的观点相反的人，比如在《感觉的逻辑》中，他把理性当作对手，他说："脑袋一肉，这是人变成动物的可能性。"他也把印象派强调感觉形象的呈现当作对手，将其视为形象的消失，他说："整个身体通过叫喊的嘴而逃脱。"德勒兹深谙纸牌游戏的规则，他知道一副纸牌并无好坏之分，关键在于叫牌，叫牌作为策略亦真亦幻，语言发挥了比牌力更大的作用。相对于叫牌，每个人都试图猜透对方的底牌，同时又巧妙地向对手泄露自己的底细，所以德勒兹是一个窥探高手，他总能在叫牌中洞悉对手的弱点或者搭档的长处。他能打出一手好牌，还在于他善于制造假象，制造超出经验的叫牌，即制造概念。对手由于误判，而不得不顺着他的意图走。德勒兹的高明之处，不是征服对手，而是征服搭档。他乐见搭档（当然都是一些高级的搭档，比如电影大师、绘画大师、著名哲学家、作家等等）在他面前摊开底牌，任由他出牌而无能为力，不管他们喜欢或不喜欢德勒兹的判断。

因为他的长项是纸牌游戏，叫牌并迷惑对手，所以他并不把真理问题或唯一性当作最终目标。在德勒兹那里，理性价值是无效的，因为每一副牌和打法都不一样。他说："确切地说，没有理性这种东西，理性只以碎片的形式存在。"（《批评与临床》，刘云虹等译，南京大学出版社）纵观德勒兹的著作，他的核心思想不是提供"定论"，而是主张"生成"。把一手烂牌打好，这是他的目的，因此德勒兹的目标是找不同的高手打牌，他找尼采打牌（《尼采与哲学》，周颖等译，河南大学出版社），他找普鲁斯特打牌（《普鲁斯特与符号》，姜宇辉译，上海译文出版社），找伯格曼、费里尼打牌（《时间—影像》，谢强等译，湖南美术出版社）……他并没有规定的套路，他善于利用对手的优点，创造自己的优点；他也善于通过改造对手的亮点，制造自己的亮点。他误解尼采，强制解释弗朗西斯·培根，把普鲁斯特作为自己观点的"托"，他的表达和尼采需要一个强大的对手不同（斗争哲学），和海德格尔需要一个另类的艺术家不同（荷尔德林的诗意栖居），德勒兹把每一个强手都当作可利用的、让自己抵达个人观点的"桥"。所以德勒兹没有唯一的高峰，他在不同的山巅之间穿越，站在高处，或以德勒兹的视野来看，这些高峰并不以高度区分高下，而是以云雾的形态形成它们各自的特色。是的，不存在牌好牌坏之分，不存在一种绝对占有俯视高度的权威巅峰，一切都在于叫牌（表达）和出牌（生成）。"千高原"是他取消唯一性的游戏底牌。每一副牌都存在诸多打法，出其不意的胜利才是最美妙的结果。一个必然的胜局毫无意义，"生成"意味着冲突和较量渗透始终。庄家不是在一开始就确定了胜局，而是在不断展开的冲突过程中将不利的局面翻转，使胜利的天平倾向自己的一方。这是德勒兹的语言风格：跳跃、跌宕、穿插、迷幻，犹如闪耀的光斑，令人眼花缭乱。面对德勒兹，我们并不情愿被带离自己的路线，正如弗朗西斯·培根不认同他的分析和阐释，但是德勒兹的手段充满迷惑性，因为新奇和不可证性（生成指向不可证）使他的言说逐渐具有了掌控力（庄家），我们是不由自主陷入他出牌的圈套的。每一个被他拉到牌桌前的搭档和对手，对他都是又爱又恨，因为他让他们背叛了自己，他们都在他面前成为输家，且是配合他赢的。

哲学家对德勒兹也是将信将疑。他在艺术哲学方面开展的研究，超出了传统哲学以及前辈们标识出的疆界。或许在快乐哲学方面，他与伊壁鸠鲁有吻合之处；或许在分区思考上，它与康德相似；或许在质疑真理上他吸收了尼采的勇气，但他仍然是一个"另类"。他更像是梅尔维尔小说中的巴特比，他自己曾分析过这个人物，认为巴特比的一个句式超出了"肯定"与"否定"，这个句式即"我情愿不"。德勒兹不想做抄写员，复制历史上的任何一种思想，他也不想给未来预言，充当先知，说出并不切实际的大话和假话来骗人，他把思考限制在一个有限的区域内（一副牌相对固定的搭档和对手，以及严密的规则）。他不想靠谱地说话、出牌，前提是他必须有一个相对单纯的环境。德勒兹一旦面对复杂的社会问题和政治问题，他就失语了。他知道自己的弱点，同时他在每一次打牌中都把自己置于坐庄的位置，他需要看到搭档摊开的底牌（艺术作品或某些观念），这是他展开自己游戏的界标。我们发现他总是在那些确定的界标前，跨越一步走到别处去，他站在界标之外，说着界标之内的事。他的声音使原来的界标模糊，丧失了区别功能，而那个场域因为他声音的扩散而扩散，在空中，而不是在地面（不！他不靠影子的长度来确定边界）扩展到无限。这或许就是德勒兹的迷人之处，他创造了语言的场域，而不是语境。他超出语言学、结构主义、阐释学等对语境的构设，使那个依靠意义互为呼唤的语言传导模式变成如光一样互为折射的"镜像"。这意味着他并不担心阻力，所有的反射光都仍然是光。语言会获得反光面赋予它的新线路，这正符合他没有唯一性的理念，符合他没有必然性的理念。阻力分布的不确定性，使生成变得无规则，这正是"纸牌"的魅力。

　　德勒兹是哲学中的独特者，即另类。他的句式正是梅尔维尔小说中巴特比的"我情愿不"。梅尔维尔在一部小说中创造了有别于任何典型的人物，一个不具有普遍性和特殊性的人物——法律文书誊写员巴特比这个另类。而在我看来，德勒兹就是巴特比的现实版。他不是一般意义的独特，他是完全不一样的独特。德勒兹显然对巴特比格外钟情，他概括道："每个独特者都是一个强大的、孤独的面孔，他超越了一切可解释的形象范畴，他抛出火焰般的表达方式。后者体现了他们对一股没有具象的思想的执着，对一个没有答案的问题的执着，对一个极端的毫无理性的逻辑的执着。作为生命和知识的形象，他们知道某些无法言说的东西，他们经历着某些深不可测的事。他们不具备普遍性，但也不

特殊，他们脱离了人类的认知范畴。"（《批评与临床》，刘云虹等译，南京大学出版社）

德勒兹认为，独特者将自己置于一切日常规则之外，比如语言规则、生存法则等，他们依靠天性做事，在可能性方面，他们做着前无古人的事，他们替代先知活在当下。尽管独特者独行于人类的认知之外，但独行者对人类的一切规则了然于心，他们有能力揭露法则的空洞和不完美，揭露特殊人的平庸，揭露充满骗局的世界。

这难道就是他对自己的总结吗？他说："独特者不在继承的事业上有所作为，而是拒绝来自周围环境的影响，把自身当作'源头'，他向四周散发出一道苍白的光线，仿佛那道上帝创世时伴随万物起源的光线。独特者如同闪电一样赫然出现，又迅速消失，不留任何痕迹。"（《批评与临床》，刘云虹等译，南京大学出版社）

2. 关于生成与存在

德勒兹在哲学研究中冲破单一基础或本源的束缚，例如上帝、逻格斯、主体存在与真理等等，认为生活是生成而非存在。生成并无新意，佛法早就认为一切都源自因缘和合。因缘和合的前提有一个普遍的共性，即本性即空。万物并无自性，若识得自性也是共性，即空性。在空性的基础上，才有因缘生，若无空性，便只有假象。德勒兹否定有一个空性一样的真理，所以德勒兹最终必然滑向假象的世界。德勒兹对电影的研究就是以假象为真的研究，但德勒兹并不认为真的世界多么好玩，相反电影是好玩儿的，因为电影可以随意改变世界的存在形态。德勒兹甚至为电影的世界发明了一个词，叫镜像，或镜像世界。德勒兹没有说镜像的世界是一个真的世界或假的世界，也没有说这是不是一个理想的世界，德勒兹认为镜像的世界是一个可能的世界，可能意味着生成的规则和结果都是不确定的。

生成观在佛法里表现为因果关系，而在德勒兹这里表现为疏离关系。德勒兹强调生成是对上帝的变相回避，万物并非来自一个全能的主的创造，而是来自于生成。这使得每一个人从习惯依赖主转化为依赖自己。生成也是对形而上学的超越，尽管生成需要主客观条件，但在生成的过程中不再把某种绝对的东西视为主因。生成意味着在条件的具足上有了更宽泛的标准，生成也是对先在性的否定。先在性意味着已在，而生成意味着不在或未在。没有先知，世界是变化的、不定的，这一切都因为世界处在生成之中，正如海潮处在生成之中，台风处在生成之中，生或死都处在生成之中。

佛法在看到了万物因缘而生、因缘而灭的时候，也看到了不生不灭之法，这就是空性，因此佛法给出了解脱之道，让人们悟得空性，识破假象，破除知见、烦恼二障，抵达澄明、清净、自在。德勒兹并没有给我们指出一条出路，相反他把我们带入假象的世界，带入到迷乱之中，似乎他喜欢迷乱。为了梳理迷团，他给迷乱的世界命名、规划秩序，他知道这些景象的虚幻与炫彩是不稳定的，为此让自己游牧在各种镜像之间。他看到了万物缘自生成，但没有看到万物生成遵循的法则，他希望通过打破古老的程式认识世界，以便使事物获得观念上和感觉上的解脱。实际上他没有做到，他在艺术和哲学中周旋，努力寻找到第三条道路，即非理性的生成之路。我们看到这条道路悬于半空之中。

如果我们想要继续迷恋于假象的世界，德勒兹是对的；如果我们要在生命的每个过程中澄明、通达、舍妄归真，德勒兹就是危险的。生成并不是一个没有边界的词，魔鬼也缘自生成，地狱也缘自生成，当然美与自由都缘自生成。如果我们不清楚生成背后的深层原因，我们也许会让自己生成野兽、魔鬼，而我们的生活也许会生成灾难。在德勒兹看来，西方的思想已经枯竭，需要通过生成激活。在我看来，德勒兹唤醒的并不是智慧女神，而是沉睡的斯芬克斯。

3. 关于差异与重复

不同的出发点和视角看到的差异是不一样的，比如从动物学分类上看人类与动物是有差异的，而在人类学上看，古人、今人是有差异的。德勒兹研究差异是从本体论出发的，它基于对差异、重复的研究，而不是对事物本质和起源的再现，这有别于康德式的物自体，而着眼于差异本身。

德勒兹在《差异与重复》序中说："当我研究了休姆、斯宾诺莎、尼采和普鲁斯特（他们全都燃起了我的热情）之后，《差异与重复》是我尝试搞哲学的第一部著作。"德勒兹认为"差异与重复"的力量，只有植入对传统思想形象的质疑中才能发挥出来，即把思想从囚禁它的形象中解脱出来。德勒兹选择哲学史上的四个参照形象：第一是亚里士多德，德勒兹反对亚里士多德认为的差异表现为范畴上的不同，而认为是分类不同；第二是黑格尔，德勒兹反对黑格尔认为的差异是臆想的观点，认为差异不能通过矛盾与综合的不断演绎拓展的过程，最终抵达宏大叙事的终点；第三是莱布尼茨，德勒兹反对莱布尼茨认为差异是无限微小的差异的观点，认为在复杂的结构中，隐藏着机械的物理性的重复，这种重复将细微的分别遮蔽甚至取代；第四是柏拉图，德勒兹认为差异不是从某种原本分衍出来的摹本。

差异与重复给出的是哲学研究的方法，而不是本质。哲学家要想创造自己的思想，实际上是无法凭空创造的，他没有办法回避前人带给他的深刻思想影响。他的所有观点都受启于前人的观点，哪怕他的思想与前人的思想完全相悖。研究"差异与重复"无非是为自己的思想确立一个追求差异的合法性与不得不重复前人的权力。但这个问题并非仅仅是概念的成立与否的问题，还有实际价值的存在问题。很显然，哲学家都被差异问题所蛊惑与利诱，他们都努力从前人的身上寻找自己有别于前人的出路和定位，那或许是鼓舞他们甘心从事枯燥而艰苦的哲学研究工作的唯一动因。正如柏拉图被他的老师苏格拉底鼓舞着一样，谁能知道一个哲学家在他哲学研究的道路上不是被他要努力超越的前人鼓励着、呼唤着、鞭策着不停地前行？德勒兹在1968年法文版序中写道："这里所面对的问题显然是悬而未决的问题，可以看出一些迹象：海德格尔越来越多地宣称走向一种本体上的差异哲学；而结构主义者的设想建立在一种共存空间上的细微分别的配置基础上；当代新小说艺术不仅在他们的抽象思考上，还在他们行之有效的记忆上围绕着差异与重复转圈圈；而尤其是重复的权力在各种各样领域的发现，即发现了一种也可以寓居于无意识、语言和艺术中的权力。所有这些迹象都共同走向一种一般化的反黑格尔主义：差异与重复已经取代了统一和矛盾的统一和否定的模式。"（《差异与重复》，安靖等译，华东师范大学出版社）

　　尼采哲学的开端是从颠覆起源开始的，德勒兹的哲学是从颠覆同一性开始的。在差异与重复的研究中，德勒兹首先宣布同一性已经丧失了，现代思想要开发出被同一性遮蔽的部分，人们不再相信世界拥有一个完全一致的东西，也不再情愿让自己束缚在同一性的枷锁之下。他看穿了，将同一性置于首位，无论如何思考都界定了——世界是一种再现的世界。而取消同一性的世界，是一个不同属于某个共有东西的似像的世界。在《批评与临床》中德勒兹也把这样的思想世界描述为由一个父亲决定的世界过渡到姐妹兄弟的世界。德勒兹进一步强调，通过宣布同一性主体死去来把思想从某个权力束缚下解放出来。而这种束缚，实际上是一种虚假的束缚。因为所有的同一性，不过都是"模拟物"，通过深度的差异与重复游戏所产生出来的"视觉"效果。德勒兹为此宣布："我们提出不依赖于再现的形式来思考差异本身，而再现模式将差异回归于同一，与此同时，差异与差异的关系也不依赖于那些通过否定来前后过渡的形式。"（《差异与重复》，安靖等译，华东师范大学出版社）

而在重复的问题上，德勒兹几乎接受了"内在和外在于他们自己的最机械式的，也最原型化的重复"。德勒兹不仅肯定了这种重复的必要性，同时他认为"重复"和"差异"是互生的关系。无穷无尽的重复释放出"微小的差异、变化和改变"，而差异的力量又通过运动激发出隐匿的重复，在我们之内和之外复苏赤裸裸的、机械化的、原型化的重复，而其中的差异已经展现为差异，重复重复了自己，而差异使自己的差异显露出来，生命的任务就是让所有这些重复共存在一个空间之内，在这个空间汇总，差异得到了分化。

德勒兹在这里显现出他的理想和天真，他希望世界的一切变化不是通过矛盾和斗争来解决的，不是通过否定的形式来解决的，而是通过差异和重复这样两个互生互依的过程来完成的，这样的话，"世界就不会发生血腥的斗争"。如同在艺术领域百花盛开、百家争鸣一样，"那个美丽的灵魂会说道：我们彼此不同，但彼此并不对立"。

4. 关于意义

"倘若我们对占有、利用、控制事物或在事物中得到表现的力毫无所知，我们将永远无法发现某些事物（人类现象，包括生物现象，甚至物理现象）的意义。一个现象，并非表象，亦非幻象，而是一个符号，一种在现存的力中找到其意义的征候。整个哲学就是征候学和符号学。科学则是征候学和符号学的系

统。"（《尼采与哲学》，周颖等译，河南大学出版社）

尼采认为意义是我们塞给事物的，而不是事物固有的。德勒兹从事物的占有、利用、控制出发，感受到一种力的存在，但力不是意义，力是诞生意义的外因。意义并不直接服务于力，而是服务于占有、利用、控制等人的最初动机。可以推断，有什么样的动机就会有相应的力投入到事物上，并使其产生相应的意义，哪怕是物理现象。因此不难发现人、事物、力及作用、意义是以不同状态存在的。人基本是独立的，事物也是基本独立的，如果我们不寻求对物的利用、控制等目的的话，人与事物之间就不会滋生意义。一旦人对事物投注了占有、利用、控制，甚至审美、艺术创作等目的的话，人就会将意愿投注到事务之中，并使事物的状态、存在方式发生某些改变。这些改变的动因是力，而改变的过程为现象。如果这种改变是持续的，那么现象也便呈现出动态特征。德勒兹因此认为现象不是表象，亦非幻象，表象是相对本质而言的，并且与本质对应存在。幻象是相对实在和实有而存在的，把没有的事物想象出来就是幻象。可见表象和幻象都是相对的二元存在物。而现象作为动态的特征则有无穷的存在形态。这意味着现象可以负载无穷的动机，而这种负载性恰是符号的特征。因此德勒兹认为一个现象就是一个符号。这种符号负载的动机呈现内涵的指向性，但又不是唯一的指向性，体现出了指向的功能特征。因此，德勒兹称现象又是一种在现存的力中找到意义的征候。这让我想到尼采的观点：对于意义而言，哲学是找出，艺术是塞入。这种找出与塞入的时机、方式都是征候的体现。所以，德勒兹总结尼采的思想认为整个哲学就是征候学和符号学。科学则是征候学和符号学的系统。

利用征候学或符号学来研究哲学，只是尼采要跳出传统表象与本质的形而上学套路和另辟蹊径的手段。实际上，尼采用意义与现象的关联取代了表象与本质的二元对立，取代了绝对真理的存在或理想世界的存在。取消了二元对立即扫除了事物本质是不可改变的障碍。既然万物的意义都可以通过人的意愿作用赋予，那么人们就可以凭借自身愿力的强弱创造符合意愿的意义，以及贯穿意义的生活。这为人控制、占有、主导世界建立了理论基础，也为取消神的控制，即神的存在做了铺垫。人可以做上帝正是因为世界存在可主导性、可创造性，同时我们也把对永恒真理和本质的决定力量转变成我们个人对事物投注的意志力，使其显现出应有的意义。

按照德勒兹的解释，相当于说尼采制造了一个依靠意义和意志力构筑的世界关系网，我们行动其中，不是游客，而是其主人。主人的意志力使科学的因果关系失效。不过，在我看来，尼采的思想并没有取代科学的因果关系，他只是将事物的因果变化由依赖自然单一力量的主导，扩大到依靠人意志力的主导，在人参与和干预中，人的意志力是其变化的主因。这个主因与意义相对，也即与结果相对。德勒兹认为尼采试图取代科学的因果关系是将因果关系片面化了。

尼采并没有说"事物的历史通常是占有事物的各种力的交替，是为了控制事物而相互斗争的各种力的并存"这样的话。德勒兹将这一思想予以发挥，旨在取消哲学的传统意义，而将哲学上升到艺术层面来看待，为此德勒兹写道："上帝之死是蕴含着丰富意义的事件，正因为如此尼采认为喧沸的'大事件'并不可信，他宁愿相信每一个事件具有的悄无声息的多义诗。无论是事件，还是现象，词语、观念无一不富有丰富多彩的含义，事物有时表现为这样，有时表现为那样，有时呈现更复杂的情形，这一切都取决于占有事物的力（众神）。"（《尼采与哲学》，周颖等译，河南大学出版社）

尼采真正要取消的是同一性，即真理的同一性、道德的同一性。尼采认为同一性压制了生命的源泉。尼采取消上帝是要取消绝对理性对人的统治。这是尼采厌恶德国古典哲学特别是黑格尔哲学的体现。在此，德勒兹误解了尼采的意思，尼采不是通过取消上帝解放"众神"，而是通过取消上帝解放人本身。

尼采强调："我们看到道德如何，第一，毒害了整个世界观；第二，阻断了通往认识、通往科学之路；第三，瓦解和败坏了一切现实的本能（因为道德教人感到它们的根源是非道德的）……我们看到一种可怕的颓废工具在我们面前操控着，它保有最神圣的名义和姿态。"（《偶像的黄昏》，周国平译，光明日报出版社）

尼采说得十分清楚透彻，取消同一性和上帝就是为了彻底解放人的本能。而德勒兹则误解为使事物的意义多元化，这是德勒兹一厢情愿的看法。德勒兹把哲学等同于艺术批评，他习惯从本体上做分析，以现象做源头，进入到概念的命名和秩序的自拟之中，即做虚拟哲学分析。他对尼采的理解也没有跳出自己的逻辑和习惯怪圈，德勒兹运用哲学的思维做着艺术批评，或以艺术思维做哲学思考，让人无法判断他是一个哲学家，还是一个批评家，抑或是一个艺术家。

这种身份的混杂也体现在他的思考中，他认为事物具有多重含义，认为存在很多事物，而且将同一事物当作"这个"，然后将"那个"的多元主义观点当作哲学的最高成就，是对真正概念的征服。它标志着哲学的成熟，而不是哲学的放弃或哲学的倒退，因为对事物的这一方面和那一方面进行评价，对每一事物及其意义进行仔细衡量，对界定事物，以及确定事物在每一刻与其他事物有何关系的力进行评估——所有这些都属于哲学的最高艺术——阐释艺术。

5. 关于感觉的逻辑

"这是一些无意义的线条，这是一些感觉的线条，却是模糊的感觉（塞尚曾经说是人出生时与生俱来的模糊感觉）。"（《感觉的逻辑》，董强译，广西师范大学出版社）

我们如何欣赏画家靠感觉创作出来的作品？德勒兹努力搭建作者与欣赏者之间沟通的桥梁。他努力捕捉绘画中隐含的动机和意图，比如他在分析培根三联画时指出："画作不仅仅是一个孤立出来的现实（事实），还包含着画家潜在的意图，即驱赶走形象中的'具象性''图解性'和'叙述性'。孤立形象是将形象从事物存在的体系内抽离出来，使其摆脱俗常的存在关系（时间、概念、意义）。这个过程可使形象新生。"（《感觉的逻辑》，董强译，广西师范大学出版社）

德勒兹对培根总结道："在培根那里，模糊是存在的，而且已经存在着两种模糊，但它们都从属于这一高度清晰的体系，在一种情况下，模糊不是通过不确定而得到，相反是通过一种以清晰摧毁清晰的操作过程。在另一种情况下，模糊是通过那些自由划痕的手法而得到，或者通过清理的手法，而这些手法也都从属于体系中清晰的元素。"（《感觉的逻辑》，董强译，广西师范大学出版社）

艺术的模糊性是艺术从"是"到"可能是"的跨越。在这一层面，艺术要较真理给人留下更多自行处理的时间和空间。模糊代表了人与世界的关系、与万物的关系，那似有似无的牵连和空白，为我们参与或退出对作品的欣赏预留了通道。

但通常，艺术家要面对的问题并不来自欣赏者，而是艺术本身。如同这样的指令："绘画必须使形象从'具象'那里抢出来！"而这样的指令只有画家对自己提出来才有效。形象已经被从它们加以再现的角色中解脱出来，它们直接与一种天上的范畴联系起来。这成为艺术家走向独特的使命。他们在何处解救自己？就是在把形象从再现的角色中解救出来的时候。

格列科通过《奥尔加兹伯爵的葬礼》做到了对固有的宗教符号意义的摆脱，一首诗则通过创作实现对语法的摆脱。正如尼采所说："我们取消了上帝，但还有语法。"那么取消了符号意义之后是什么支撑着图像？德勒兹认为他们需要表达，只是一种天上的或地下的或地域中的'感觉'而已。但不能说宗教感情在古代绘画中支撑着具象，相反它使形象的解放变得可能，使形象得以摆脱具象化。

画家为什么要摆脱具象？德勒兹借培根之口说出原因，但这个原因似乎并不成立。他认为"照片并非人所看到的一种被形象化了的东西，而是现代人所见到的事物本身，它并非因为自己是具象的而变得危险，而是因为它妄图统治视觉"。你能相信"照片妄图统治视觉"这种说法吗？我们只是看到了更多的人依赖照片，包括画家临摹照片，而没有看到照片的统治。人为什么把自己对照片的依赖反说成受到统治？德勒兹给画家创作开辟了一条回归自我的路径，但同时也遮蔽了一些问题的真相。就算照片形成了某种统治，这种统治也并非具象的意愿，而是出于人的懒惰，人若没有对具象的依赖，又何谈统治？

德勒兹在解释绘画的感觉过程中，虽然有一些强说强解的意味，但是他的想象力太好了，他打开了我们和绘画广泛对话的空间。比如在《身体，灵与肉，变成动物》一章中，德勒兹说道："身体是形象，或者说是形象的材料。绝对不能把形象的材料与处于另一边的、打开空间的材质结构混为一谈。身体是形象而非结构。反过来，由于形象是身体，所以并非脸部，甚至没有脸部。他有脑袋，因为脑袋是身体一个不可或缺的部分，同时他又说"阴影从身体里逃遁出来，如隐匿在我们身上的一只动物"，"整个身体通过叫喊的嘴逃脱"。这些解释让我们看到一个画家在绘画的过程当中，他的身体以及灵与肉在色彩和构图中的显现，正如我们从塞尚的绘画中洞见了他对事物极致的抵达：塞尚的努力无非是让事物拥有它自己的样子：除了色彩和形式以外，还包括人们对他们的摆布和支配。塞尚并非要将绘画的主观性去除，恰恰相反，他不动念头的注视是最大的主观。塞尚不是制造形式感的画家，塞尚是让自己消失于形式和色彩中的画家。对塞尚来说，他还活着，就是一个问题，他需要通过绘画把自己处理掉：这是他要求自己必须投身完成的工作！

雷诺阿是印象派中朝后看的画家，他的兴趣在于展现人的高贵和理想美。他的画像诗歌中的歌德，以色彩和光影的强反差突出他的理想核心。尽管他的肖像画都以人的日常姿态为主，但日常的姿态里透视出高贵优雅的灵魂。我们可以想见，雷诺阿在他的画里都投注了他自己灵魂的歌赞和向往。

弗洛伊德的画戳穿了人的伪装，在人性的展现上，几乎是不加掩饰的。特别是在表现人的窘困、茫然、颓废和无助方面尤为出色。这代表了他对人现状的同情，从他生活的方式来看，也代表了他对人颓废生活权利的捍卫。而这一切都不过是他为自己独特绘画艺术打上的底色，他对绘画的投入和忠诚证明绘画的世界才是他心仪的世界！瞧瞧弗洛伊德那种坚定而不屑的眼神以及他站在灯下俯视的目光，他比那个穿着华丽衣服、佩戴勋章的家伙要真实可爱百倍！

蒙克的伟大就在于他率先画出了声音。《呐喊》是他对声音的呈现。画面中声波沿着三角形的闭合环路进行传播。这个环路充满了阻碍，声音被局限在只有发声者自己能听到的空间内，而与发声者同处一个空间的人们对此却全然没有感觉。这个画面让我们看到一个个体声音的单薄、无力，他想呼唤远方，事实上，他的声音无法穿透围绕他的栅栏。

绘画这种艺术和音乐一样，真是不需要多言的，而一旦我们对此说得太多，未免又破坏了它自身的完整性和自足性，仿佛一个唠叨婆对安静的打扰。德勒兹对绘画的解释最终把我们从感觉带入到观念之中。塞尚说得对："感觉不存在于光线与色彩的'自由'、无人介入的关系（印象）中，相反，它存在于身体中，哪怕是一只苹果的身体。色彩在身体之中，感觉在身体之中，而非在空气之中，感觉就是被画出的东西。在画中被画出的东西是身体，并非作为客体而被再现的身体，而是作为感受到如此感觉而被体验的身体。"

照理画家用感觉说话，我们同样应该用感觉倾听，为什么还要诉诸语言表达？这完全是另一种需要，即与绘画不相关的需要。德勒兹在谈论知识，而塞尚只看到美。我们本来可以安静地欣赏绘画，却渴望读到德勒兹的文章，这之间我们内心实际上生出的是对知识的需要，而非对美的需要。德勒兹也正是在这一点上让我们获得了满足。所以我们看到他类似的描述，比如"在塞尚那里，世界是大自然；在培根那里，世界是人工假象""感觉是形象的堆积凝固，具有不可缩减的综合特征""感觉的暴力与他对神话系统的直接作用，与他经过的各个层次和他穿过的各个领域是一回事，他本身就是形象，根本就不求助于一个被形象化的物体的本质"等，这种定义式的语言时总是眼前为之一亮。我们不是在感受绘画，我们仍然渴望理解画家和作品。在所有的欣赏之中，我们无法回避内心关于理解的诉求和习惯。或许那是一种模糊的理解，是关于某种记忆的唤醒，或许是关于感悟的豁然开朗，作品填补了内在的某种匮乏，但我们还远未到达欣赏的最高境界，即借助作品实现自我的隐遁或现身，实现自我的打开或逃逸。我们并不想说这一切都取决于感觉之外的意图和纠结，但我们又怎能回避这样的意图和纠结呢？

　　正如培根自问中所表达的那样："真的应当去释放那些收敛着的、含蓄的存在之物吗？难道非得将这一绘画与歇斯底里的关系昭示在光天化日之下吗？既拒绝形象化的道路，又拒绝抽象的道路？"（《感觉的逻辑》，董强译，广西师范大学出版社）德勒兹意识到了这种纠结在所有艺术家身上的存在。但是他错误地认为这种纠结是由肉体带来的，而不是由于人的观念和欲求带来的，因此，将艺术当作逃脱或超越肉体的一种模式。他为此谈道："音乐使身体失去身体，所以，我们可以在音乐中说'声音的身体'，甚至身体与身体的拉扯，拉扯的结果是，正如普鲁斯特所说，那是一种非物质的失去肉体的身体的拉扯，是不剩下'与精神相忤逆的、惰性的、物质的一丝残骸'。"（《感觉的逻辑》，董强译，广西师范大学出版社）

　　因此，绘画是一项冒险的经历，是关于力的再生。我们接受这样的认知，"即力量与感觉有着紧密联系，必须有一种力量对身体起作用，也就是说对波的一个部位起作用，才会有感觉"（《感觉的逻辑》，董强译，广西师范大学出版社）。我们也接受德勒兹为欣赏画家给我们规划出的路线图，比如他指出米勒画出重力；塞尚画出让人可以看到山丘的褶皱的力量，苹果的萌芽的力量，一种风景的热力学力量；凡·高发明了一些人不知道的力量，一粒向日葵种子的前所未闻的力量等等。

　　画家的价值在于画出与众不同的东西，在这个过程中，他必须努力让自己与其他的人区分开来，也许这并不仅仅是一个与俗套搏斗的过程，而是一个永恒地朝着个性迈进的过程。

6. 关于文学

当人们询问弗吉尼亚·伍尔夫写作由什么构成时，她回答说："谁跟你谈论写作？作家不会谈。他关心的是其他事情。"

文学是一种谵妄，在于语言服从作家的摆布和随意处置，这成为作家至高的荣誉和特权，他可以通过创造语言来创造世界，当然包括创造他理想的民族、国家。在本土写作中，文学语言无法脱离母语而存在，但文学创作的天生使命就是母语的丰富和创造者，而不是被迫服从的奴仆。在母语形成的约定意义中，包括表达的句法上，只有文学享受背离其正道的权力。这包括背离已有的词义、句法和词源，将语言带离被普遍接受的理解的语境和词场。语言在全新的层面被赋予表达和呈现的功能，那不单纯是一种符号意义上的再生功能，而是对感觉、思想、经验等生命界限的突破和解放。作家和诗人，他们以说出陌生的语言为天职。他们以冒犯母语的权威性为荣耀。他们穷经皓首，只为用自己的笔写出母语的可能性，哪怕被拓宽的世界向着无限可能性扩大只有一寸。

母语作为语言机制，它的权威性遮蔽住了人们的创造力，我们可以肯定地说一个民族思想的僵化，源于语言的僵化，一个民族创造力的贫乏源于语言的贫乏。作家本不需要预先给自己确立如此的神圣目标，他只需要观察具体生物和生活即可感受到这种压力的无所不在。写作通过作家自身的努力将母语的围墙推倒，人们从作品中感受到豁然开朗的全新世界。作家或诗人借此实现了他的目的：将一生的忠诚交付于对母语的捍卫，尽管那种捍卫不是出于跪拜、臣服，而是出于捣毁锁链，从而激活它、唤醒它、解放它。

我们说母语仅就辞源和语符意义上称它是起源的，但不等于说语言存在母性特征，以及母性的亲缘关系，不管是看作母子关系，还是姐妹关系。现实中，我们看到一种新语言的生成存在多种途径，比如翻译语言，这是对母语的基因变异，但我们把变异的语言仍称为母语，这时的母语，具有荷尔德林所说的"美学的祖国"意义。当然在语言的互为侵吞中，我们和语言的关系也许是敌人的关系，也许是恋人的关系，也许是第三者的关系，也许是类似弃儿的流浪者关系。我们不能确定在现实中被拒绝的在语言中全部被接纳。有时深层的绝望，也许会让我们连对语言的最后一丝希望都放弃掉。语言难道真的靠得住吗？语言难道能避开权力的游戏吗？语言曾经或者当下承诺过对每一个言说者乃至沉默者的爱与接纳吗？语言作为最后的家园，这仍是写作者的谵妄和一厢情愿。

为了支撑自己将写作进行下去，写作者不断为自己寻找合法的理由，比如对真理、自由的追求；比如对社会正义与善的张扬；比如对丑陋黑暗的批评，对人性的揭示，对生活的立法等等。为了母语而写作，这是在其他写作意图过时或失效的情况下，人们给自己寻找的理由，即便这个理由成立，面对写作的具体问题，人们也朝向母语的非中心方向裂变，比如虚拟写作，抽空事件和现实在纯粹语义层面写作，类似于纯粹的形式游戏。比如碎片写作，又取消了语言的深度和语境，直接呈现碎片，突兀、无序、没有逻辑和缘由，仿佛一个失语者说出的不连贯的词。

而在行为主义那里，语言去除了符号，直接通过身体行动表达。身体行动即符号，他们舍弃词语的现身，他们直接现身为词语。无人在说，在记述，只有行动者语言走下纸面，回到生活中，不再有一个形而上的写作者或目的行动呈现于当下，他终结当下。他所表达的正是表现自身。除此，他不再追问意义和影响力，生命写作成为现实，这种行为主义的创作，颠覆了传统的文学样式。

7. 关于写作

"写作绝非为过去的内容强加一种（表达）形式，更确切地说文学属于不定形，未完成的东西……写作是一个生成事件，永远没有结束，永远正在进行中，超越任何可能经历或已经经历的内容，这是一个过程，也就是说，一切穿越未来与过去的生命片段。"（《批评与临床》，刘云虹等译，南京大学出版社）

生命需要各自的方式获得充实与安顿、打发与挥霍。对作家和诗人来说，写作就是充实与安顿生命，或打发与挥霍生命的一种方式。首先它表现为一种劳动，心和体的劳动，这并不是一份轻松的活，也不是一种付出和收益平衡稳定的活。在人生多种冒险职业中，写作的风险是最高的，因为很可能你一沾上写作的边儿，就一生摆脱不掉它，而为了它，你也可能搭上你的好日子，以及作为正常人拥有的幸福感和平常心态。为此倾家荡产、穷困潦倒，以及疯癫自杀都完全有可能。有一句话总结得比较到位：

很多人玩写作，最后发现被写作玩儿了。

人们为什么需要写作？这源自人们并不满足按照现实的方式生活。人们需要按照理想的方式生活，写作就是对理想生活的自我构建。首先他出于对现实的不满足，或不如意（期待或留恋，记述或赞颂）；创作的动因源自某种匮乏，凡是现实富足丰盈之处，写作的可能性和机会就变得寡淡，正如荷马看到时代的英雄缺席才写英雄史诗，而当英雄过剩，人日常而温暖的情怀就将缺席或弱化，所以赫西俄德才写了《工作与时日》。

写作在古代是一种神职，古希腊视诗人为预言家，在中国古代立言者可不朽。写作价值的出现使写作本身成为理想，于是从事写作的人要超越前辈而载入史册就必须创作与前辈们不同的作品，这成为写作的内推力。对于每一个致力于写作的人，若缺乏这种内推力，写作都不会有所成就。这种需求将创作的目光从关注现实的匮乏转向关注形式、语言、韵律等美的要素的匮乏。人们不满足对已有写作形式和经验的依赖、复制、模仿，人们要创造属于自己的形式、语言和美学原则，这种喜新厌旧的观念深深印在每个写作者的心里。尽管有时我们强调向传统学习，但写作的命运注定了传统只能属于过去。任何复古的想法都是徒劳的。喜新厌旧作为写作的基本规律，决定了我们不会向回走，就算对传统的某些东西的倡导也是出于当下的需要。传统在创作中，并不表现为过去时，而是表现为现在时、进行时。传统是我们今天创新的一个要素，在全新的形式和作品中，我们不会呈现给读者传统的复制品，而是一个新的作品。

写作的风险正是在这个意义上显现出来。写作的成功是一个

极不确定的结果，而决定一个写作者成功与否的因素很多，包括
环境因素、交际因素、作品主旨因素、自身命运因素等等。很多
人不能在活着时看到自己的成就，就相信死后会被肯定。确实存
在活着不如意、死后声名大振的作家，比如卡夫卡。但历史跟未
来都不对一个富有创造力的默默无闻的写作者富有发现的道义，
又何况写作的可替代性以及层出不穷的创新浪潮，迅速将一代又
一代人淹没。现实中，我们发现写作是一项最有历史也是最有影
响力的"造梦"工作。现实社会靠规则和利益划分势力，人只有
在写作中可以遵照自己的好恶和意愿划分势力，标定自己生活的
国界，所以写作纵容我们的妄想和幻念。我们不知道写作会有什
么边界，因为我们不知道人的妄想和幻念的边界，按照不可逆的
思维判断，人的写作朝着背叛历史和前辈的方向发展，就像膨胀
的宇宙一样会朝向无限。

　　德勒兹认为写作绝非为过去的内容增加一种（表达）形式，
是指写作形成的自我超越、变更的趋势和动能，使得任何作品都
无法作为经典而存在。他认为文学属于未完成的和不定型的东西。
既然文学是未完成的和不定型的，也就不存在经典。相反，经典
意味着已完成、极致和完美，且是不可超越的。不过否定文学中
的经典是不对的，文学作品中确实存在超越历史和时代、具有持
久影响力的经典之作。正是因为经典的存在，使后人在文学创作
中出于回避超越的难度，选择另辟蹊径，即以与经典完全不同的
形式和方式创作。这样，文学的丰富就有了形式和表现内容上的
保证，创作水平的高低也有了鉴别和区分的标准。唐诗、宋词、
元曲遵循的恰是这样的一条路径。这样看的话，德勒兹的观点就

不准确。宋词从写作的层面上看，毫无疑问是增加的一种形式。生成不是基因的沿袭，在这里则是变种。我们不能把所有的诗歌都看成是诗经的子孙，因为楚辞及禅诗和诗经没有关系。修正德勒兹的错误认识，我们必须看到写作绝非对过去内容（表达）形式的沿袭，而是对它表现出的匮乏和局限的丰富与延展。如果我们不在这个层面上理解生成的意义，我们就无法确认作品的独立价值。

基于每个写作个体参与写作的阶段性和有限性，每个人的写作都构成写作景观的一部分。写作的整体并非有机的、完整的，所以每个人的写作都不能从写作的一体性角度去衡量他的角色、价值和重要性。相反，我们更愿意把写作整体看成一个集合，每个量都是独立的，彼此之间可能有交集，也可能完全排斥，或互不相干。所以，我对德勒兹使用"片段"这个词持保留态度。我认为就写作本身来说，每一个作品都是一次完整的存在，相对作者来说都是一次完成。未完成的部分发生在读者或其他写作者身上，当然也发生在作者身上，如果我们把作者创作新作品的愿望看作对自己此前作品超越的话。

在所有的生命中，只有人存在写作需要。在人群中，只有极少数人存在写作需要，但人间离不开文学和诗歌，写作的存在保证了我们灵魂所需的必要滋养。写作经由作者生命的付出，渗透到每个读者的心田，我们就像渴望魔术师变出想要的一切一样，一少部分人努力成为魔术师，而绝大多数人不求真伪地满足于魔术带给他们的惊喜和快乐。

8. 关于构形与价值重置

德勒兹的批评是迷人的，他总能找到切入作者思想的不同角度，其中他对《尼采眼中的阿里阿德涅之谜》的发现可谓眼光独到。他并不是用简单的类比法或臆想去窥探尼采内心的秘密，他是在一个延伸出的事件和人物层面，对一种模糊的思想渊源重新梳理，构筑分析的形态，并对其价值实现重置。我们可以对德勒兹的批评方式做如下归纳：

人物关系：忒修斯、狄俄尼索斯、阿里阿德涅

平行构形人物关系：瓦格纳、尼采、科西玛（瓦格纳妻子）

忒修斯：杀死怪物是他的目标，爱次之，为民除害是他的使命。价值估值：高尚

狄俄尼索斯：酒神，以爱为目标，捍卫爱是他神圣的使命。价值估值：真诚

阿里阿德涅：由纯洁单纯到遭受遗弃，第一次怀疑高尚的价值；再由面对真诚的爱选择遗弃爱，第二次怀疑一切。作为凡人，被迫接受是她的命运。但当她遭受第一次欺骗后，她关闭了被动接受之门。她选择背叛和遗弃。价值估值：怀疑一切

怪兽：人世间的一切痛苦和烦恼

迷宫：人世间的生活和人无法走出的困境

悖论：

高尚的人以拯救人类为己任，却不能真心爱着被拯救的人。一方面，他拯救人类；另一方面，他也制造伤害和仇恨。高尚的意义何在？

拥有真情和力量的人用爱保护他所爱的人，并解救他们走出困境，他将爱奉为至高的法则。但现实是，被爱的人因为太真诚、太热烈的爱反而觉得不信任他，或者感到压力，爱到热烈竟也是一种逼迫，于是被爱的人选择背叛和遗弃，包括与爱相伴随的赐予的冠冕和财富。这种否定使得真爱只能是一种高不可攀的目标，即供人仰望的星座。我们朝着它迈进，但永远无法抵达它。越是爱得真，越是遭受背叛。真诚的价值和意义何在？

高尚与真诚当它们作为一种优越的价值和意义施与他人时，它是高尚的；而作为一种平等行为参与他人的生活现实时，它是自私的，甚至是卑鄙的。

弱者总是被高尚和真诚所诱导，当他们高尚时，他们正处在最卑贱的境地（被遗弃），当他们真诚时，他们处于被蒙骗之中。要么，他们选择依从——以假为真；要么，他们选择背叛——走自己的路。这出现两种不同的结果，即虚假的幸福和真实的痛苦。如果人忍受痛苦，得到了虚假的幸福；如果人顺应自己的意愿，让自己开心，却从此走向艰难困苦的生活，因缺少神的护佑和爱，其处境将更加凄凉和孤单。

自命高尚的人可能是骗子或者自私自利的人，而有着真情真爱的人，又常常无法在现实中找到与之匹配的对象，因为人是不完美的，而爱追求完美。这就注定了爱是一场遗憾的游戏。

尼采显然意识到了在忒修斯、狄俄尼索斯和阿里阿德涅身上存在的悖论，并且这种悖论在当下正在上演。即：

> 瓦格纳追求内心修炼，自我愉悦，努力使人们解脱痛苦——轻（一种杀死怪兽的高尚行为）
>
> 尼采追求一种炽烈的真诚的爱，让每个人都展现出酒神的风采——重（人的自我奉献和责任）
>
> 科西玛，作为受众处于无所适从之中，因为他们根本没有判断力。

德勒兹的慧眼就是，把尼采最重要的一句话从被遗忘和淹没状态置于耀眼的位置，这句话就是："除我之外，还有谁知道阿里阿德涅？"（《看哪这人：尼采自述》，张念东等译，中央编译出版社）

从阿里阿德涅来看，她母亲生出怪兽，这是第一个迷宫。她遇到忒修斯，忒修斯帮助她杀死怪兽，她跟随他私奔，最终遭到遗弃，这是她遇到的第二个迷宫。她被酒神狄俄尼索斯所爱，而她在真诚热情的爱面前反而怀疑美好的事物，她变得不可测了，她自己成为一个无法辨认的迷宫。而这个迷宫，除了她自己知道，没有人知道。

尼采从忒修斯身上看到了他的优点和弱点。优点是他有勇气为拯救平民而杀死怪兽。英雄是高尚的代名词，若谈论高尚，也应该是英雄式的。但忒修斯的英雄气不够充分和彻底，因为面对众神的强大和命运女神的预言，他选择了逃避。尼采比忒修斯勇敢，他直接向众神开战，宣告上帝已死。这是尼采破解迷宫、杀死怪兽所迈出的最勇敢的一步，在此之前，没有先例。

尼采从狄俄尼索斯身上受到了肯定和鼓舞。一种真爱应该是燃烧激情式的，且是醉狂状态，为此不计后果。他相信，这种爱正如"王冠升华为星座"，必是人类至高的力量。

但这样的爱，平凡人不会相信，他们不假思索斥之为狂言、谎话、疯子之语。尼采借助狄俄尼索斯之口，唱出了他的心声：

> 理智一点，阿里阿德涅，
> 你的耳朵很小，你有我的耳朵。
> 放一个深思熟虑的词在里面，
> 应该相爱的人们，难道不应该一开始就相互怨恨？
> 我是你的迷宫。

"理智一点"，貌似现实的人们其实并不真的懂得爱的意义。"理智一点"，这是对平凡人思考爱的价值的吁请。"阿里阿德涅，你的耳朵很小"，这是形容平凡人的视野和胸怀都比较狭隘。"耳朵"代表了听闻能力，也隐喻知识领域。"你有我的耳朵"，这一句并不是说尼采的觉知就是他人的觉知，而是说你和我一样具有听闻的智慧，只是你不曾像我这样思考、感受生活。所以，"放一个深思熟虑的词在里面"，这是一个什么词？是怀疑，是追问，并在怀疑、追问中走出迷宫。这种怀疑包括：应该相爱的人们，难道不应该一开始就相互怨恨？这种怀疑建立以后，我们就不要轻易地相信所谓的高尚、真理，也不要把一切建立在对他人的依赖上。因为你无论依赖谁，都逃不出"我是你的迷宫"这个困境和陷阱。

9. 关于英雄、怪兽与迷宫

尼采的"高人"理论以洞悉人性最隐微处为标志，倡导鼓励人实行自我纯化和升华。他把人分为不同的层级，即骆驼、狮子和婴儿。人的精神要实现由骆驼到狮子、由狮子到婴儿的转化。这是人走出迷宫的三部曲。和德勒兹的认识不同，我认为尼采所有的努力不是把自己塑造成"高人"，即"带领人类走向完美，走向完善"，"找回人的所有属性，克服所有异化，实现完整的人"（《尼采眼中的阿里阿德涅之谜》）。倘若这是尼采的愿望，尼采等同于把自己塑造成第二个上帝。这不是尼采的本意，尼采希望的是每个人都能自我走出迷宫，成为自己的上帝。他的自我升华路径不是靠"拯救和引领"，而是靠"自我觉醒"。"骆驼"代表被动地负重、被驱使，这是弱者形象。有时道德家也在这个层面宣示教义：人以驯服为善，以顺从为乐（轻），这是人陷入道德迷宫的结果。而这个迷宫则是无边无际的沙漠，人徒劳地跋涉，朝着遥远的绿洲单调而艰辛地前行，没有尽头。

人究竟是在怀疑中觉醒，还是在肯定中觉醒？德勒兹认为尼采强调了"肯定"的力量，实际上恰好相反。尼采强调了否定的力量。"肯定"意味着认同。如果是"肯定"的力量，就不存在"自我超越"。"自我超越"的动力并不是来自"我是如此"，而是来自"我为什么是如此"。德勒兹因为没有看到这一点，而认为尼采的"肯定"是"可笑的漫画式的，是滑稽地乔装打扮过的"。德勒兹不仅在这一点上误解了尼采，错解了尼采，他接下来的观点更是与尼采本意相背离。尼采崇尚酒神狄俄尼索斯，就是倡导人的真在于内外的一致性，而不是"乔装打扮"。"乔装打扮"属于形而上学、属于宗教、属于真理、属于偶像们，那正是尼采要努力撕破的华丽外衣。

尼采把人的第二层次比喻为狮子。这是一种冲破一切统治，自命为王的本能。强力意志只有在这个层面才显得格外重要。因此强力意志不是一种自我说服的压抑个性和欲望的"禁戒"行为，也不是一种自命高尚的"忍辱负重"或"勇担责任"的行为，这些行为都是道德层面的行为，这在尼采眼里是虚伪的。他曾批评苏格拉底以及一切道德说教者是"颓废"的表现。他谈到："整个劝善的道德，包括基督教道德都是一个误会……耀眼的白昼，绝对理性、清醒、冷静、审慎、自觉、排斥本能，反对本能的生活，本身仅是一种病例，另一种病例——全然不是通往'德行'健康的复归之路……必须克服本能——这是颓废的公式。"（《偶像的黄昏》，周国平译，光明日报出版社）

德勒兹在此恰恰运用道德的概念来解读尼采。他说："他以为肯定是承担，就是负责，就是承受考验，就是肩负重担，他以他所负担的重量来衡量他的积极性；他将'肯定'同他紧张的肌肉所付出的努力混为一谈。"（《批评与临床》，刘云虹等译，南京大学出版社）这个错误的认识缘自德勒兹把"高人"与动物的错配。德勒兹认为尼采眼中的"高人"不是公牛，而是驴子和骆驼。其实，尼采说的"高人"是"狮子"。对应阿里阿德涅眼中的英雄，"高人"就是忒修斯这种敢于杀死怪兽的勇武之士，而不是"被宰杀"的公牛，更不是唯唯诺诺的"驴子"或"骆驼"。尼采暗示我们：人在道德的压力下虚伪地生活，才是人不人、兽不兽的怪物。

尼采把人的第三境界比喻为婴儿。这是人摆脱一切经验、理性等沉浮观念，使人成为超人的状态。人是一个怀疑的动物，超人是一个不再怀疑的存在。当然，他不设计谋，也不改变原意，而是"如是"地存在。婴儿并不是一个强者的形象，从力量上说，婴儿是弱小的。但尼采所说的超人是超出肉体生命的精神强者。他们拥有强大的力量，但却让自己表现出婴儿般的单纯和透明，这是强力意志最终由征服外界到征服自我的表现。人也唯其如此，在征服自我的层面上方可谈"超人"。"超人"不是对他者的超越和征服。凡是理解为对他者的超越和征服的都错解了尼采的本意。因此，尼采向自己的生命发出这样的呼唤："每一个不曾起舞的日子，都是对生命的辜负！"

德勒兹有意扭曲尼采的观点，甚至，他假借尼采之名，写他自己的观点。不过，这种变形并不精彩。比如德勒兹有意改变指涉对象，将未来所指的道德家转移到英雄忒修斯身上。他引用尼采的话来为自己佐证："公牛被忒修斯这个高尚的人（英雄）或高人打败了。然而，忒修斯其实比公牛低级很多，不能望其项背。他得跟公牛一样行动，他的幸福得散发出土地的气息，而不是散发对土地的蔑视。我想看到他如白色公牛那样，在犁前喘息、咆哮。它的咆哮声得赞颂同土地相关的一切……让肌肉松弛，给意愿松绑，对你们这些高尚的人来说是最困难的事。"（《查拉图斯特拉如是说》，钱春绮译，生活·读书·新知三联书店）尼采这里所说的"高尚的人"是指劝善者，但忒修斯显然不是"劝善者"，他是一个行动派。

高尚是另一种自私自利。高尚意味着优势、优越感、优先权、高贵，是权力和利益的优先获得者和主导者。高尚意味着不平等，在俯视的恩惠中掺杂了施舍和傲慢。高尚的人当他们在征服弱小者时，显得堂堂正正，而当他们在比自己还强的征服者面前，又表现得卑微懦弱。这一点，德勒兹说得好："高尚的人或者说高人战胜了怪兽，设下了谜语，却忽视了自己这个谜语,这头怪兽。"（《批评与临床》，刘云虹等译，南京大学出版社）德勒兹给高尚的人画像，他指出高尚人的性格与普遍意义上的高人品质相吻合：他的严肃的思想、他的沉重、他对肩负重任的兴趣、他对土地的蔑视、他无法嬉笑和玩耍、他的复仇行动等等。

忒修斯逃走原因分析：

（1）命运女神预言，让他听从于命运的指令，而不是自己的内心；（2）在爱与一个可能不好的结果面前，忒修斯选择了有利于自己的方式，而不是有利于他人的方式，显示出自私的本性和懦弱；（3）在爱的誓言和承诺面前，忒修斯充当了违诺者的角色，是一个不诚信、不忠诚的人；（4）不做任何告别和安顿，就将所爱的人遗弃在荒岛上，等于置其于死地。这是十分残酷的行为。因此，忒修斯的身上充满了不高尚的思想和行为。与其说他是英雄，不如说他是懦夫。这是一个矛盾的所在，他可以杀死身外的怪兽，却看不见自己身上的怪兽。

尼采看到了人身上的分裂性。如果忒修斯不听从梦中命运女神的指点，而是听从自己内心的真实召唤，他就不会选择遗弃阿里阿德涅。理性或信仰使他做出违背自己本心的选择。若说逃避，应该是逃避自己本心才对，而不是逃避承担厄运和责任。所以，尼采说："他必须忘却英雄主义的意愿，我希望他能在高处逍遥自在，而不仅仅是爬到了高处。"何以让忒修斯不能在高处逍遥？是因为忒修斯眼中只有一头怪兽。当这头怪兽被杀死之后，他就以为自己的英雄行为大功告成了。尼采的意思是人间本身就是一个迷宫，人自身就是一头怪兽，谁能全部将怪兽杀光呢？若谁怀着杀光怪兽的英雄梦行事，他自己最终必将因无力而告失败。尼采希望每个人不是基于英雄主义，而是基于强力意志，不断将自己的生命引向高处。对此，他需要时刻呼唤自己内心的激情，而不是念念不忘做一个英雄。一个回归人自己的升华才是人的升华！

如果"高人"以挣脱迷宫、逍遥为目的，那么忒修斯所设计的"为民除害"就是一个反倒让自己受困的迷宫。同样，如果"怪兽"不是依赖于"童男童女"的供奉，他生活的迷宫也可能是一个逍遥自在之地。"迷宫"和"厄运"并没有外在地强加于你，都是自己施加给自己的。因此，把自己从迷宫中解放出来，或者把自己从"怪兽"的厄运中解放出来，只有靠自己的强力意志。

强力表示人意志的出发点和着力点有一个作用的对象，奇妙的是，这种强力在施与时，作用力与反作用力是相等的。这构成了互为抵消的悖论，即杀死怪兽的英雄也被怪兽杀死。渴望通过取消上帝获得自由的人滑入自由主义的牢狱之中。人渴望获得什么，他就需要付出等值的东西予以兑换，他渴望解脱什么，就不由自主地将自己带入另一种束缚之中。因此，强力意志也是不自由的，也是一个怪兽。

10. 关于符号与真理

"探寻逝去的时光，事实上就是求真理。之所以称之为探寻逝去的时光，那仅仅是因为真理和时间之间有着一种本质的关联。"（《普鲁斯特与符号》，姜宇辉译，上海译文出版社）

真理这个词如果被泛化为逝去的时光，这是对真理的嘲讽。真理可能与时间相关联，但真理不等同于时间。我们可以把考古、历史等对过去的追寻都看作对逝去时光的追寻，但不能说考古是考真理。消失的事物通过不同形态存留在信息网里，我们通过挖掘、辨识，重新认出它们。这是一种与逝去时光的重逢，是与消失事物的重逢。但这种重逢并不带来必然的理性或千古不变的规律性。所以，德勒兹说"探寻逝去的时光，事实上就是求真理"，未免牵强。除非"真理"所指的是与"真理"全然无关的东西。

"谁探寻真理？"这是另一个问题，甚至这不是一个关于真理的问题，而是关于"人欲何求"的问题。德勒兹列举普鲁斯特的观点也正是这方面的说明。"普鲁斯特不认为人（甚或是一个被设想为纯粹的精神）自然而然就拥有一种求真的欲望、一种求真的意志。对于真理的探寻只有当我们被限定于某种具体情境之中时才能进行，即当我们被某种强力驱迫而进行此中探寻的时候。"（《普鲁斯特与符号》，姜宇辉译，上海译文出版社）普鲁斯特说得很清楚，一般人探寻的只是真相，而非真理。但真相并不等于真理，或完全等于真理。

接下来也更令人困惑，在回答"谁探寻真理"这个问题时，德勒兹竟然认为是"嫉妒者"，在被爱者的谎言的驱迫之下。甚至，这个"嫉妒者"也不是一个具体的人，而是"符号"。他写道："总是有一种符号的强力驱使我们去探寻，它剥夺了我们的安宁。真理并非通过相似性或善良意志而被发现，而是在无意识的符号面前显露。"（《普鲁斯特与符号》，姜宇辉译，上海译文出版社）这一观点要么是受弗洛伊德的潜意识说影响太深，要么受柏格森的直觉说影响太深。但无论如何，以上这些话都不是旨在将"真理"的问题说清，而是制造关于"真理"的混乱认识，以及暴露出人们追求"真理"这种行为的荒谬性。

如果我们认为真理是随便可以定义的，前提必须是不把真理看作一个事实的存在，而是人设定的某种尺规。自古希腊以来，按照形而上学之路找寻的真理最终都表现为人为界定的概念。德勒兹或普鲁斯特怀疑真理是出于对探寻真理方法的怀疑。更新真理观念，亦必须按照创造真理的方式来完成。第一步，重新给真理一个定义；第二步，指出获得真理的方法和路径。下面让我们检验一下普鲁斯特的方式是否与上面的推断相吻合。普鲁斯特强调："真理绝非某种先天的善良意志的产物，而是思想之中的某种强力的结果。"在此，普鲁斯特给出他对真理的定义。这个定义，第一，它是非客观的，而是人主观意志的体现；第二，这种主观意志也非"先天的善良意志的产物"，而是"思想"的产物。

可见，普鲁斯特谈论的真理问题不是一个具有普遍性的问题。我们可以推断凡是与普鲁斯特"思想轨迹"和"强力意志"不相吻合的，都不能入他"真理"的法眼。他把真理完全等同于个人化的东西了。那么，按照普鲁斯特的定义，人该如何获取真理呢？他接下来也给出了方法。德勒兹对此转述道："约定性的、明确的意义绝不会是深刻的。唯一深刻的意义是那种被包含、被蕴含于一种外部的符号之中的意义。"（《普鲁斯特与符号》，姜宇辉译，上海译文出版社）

　　这一段话初看貌似新颖，细看自相矛盾。首先，普鲁斯特否定形而上学的做法，姑且我们把"约定性的、明确的意义"看作形而上学的产物。在普鲁斯特的时代，哲学全面反传统，所以，他不喜欢形而上学是再自然不过了。问题是，他提出的新路径是否站得住脚？他说："唯一深刻的意义是那种被包含、被蕴含于一种外部的符号之中的意义。"这才是真理的来源。从意图上说，普鲁斯特反对形而上学以抽空事物的方式提出真理，他要让真理的来源出自事物的内部。因此，他用了"包含"和"蕴含"两个表示内在关系的词来强调，但是普鲁斯特的问题出现了：他后面并不是使用"事物"一词，而是使用了"符号"一词。当然，"事物"一词哲学上有诸多可替代的词，比如"现象""表象""存在""实在""具象""物"等，但"符号"还不曾具有对事物的替代功能。"符号"这个词就是为了区分事物与代码而人为设定的一种标记或语言系统。原则上，"符号"属于语言系列，而不属于事实存在。因此，"符号"所具有的一切意义都是人约定的、赋予的，"符号"本身并不携带意义，也不能自生意义。"符号"离开了赋意，没有内在性所包含、所蕴含。如果我们以"约定性"作为区分的标尺，认为形而上学获得真理的方式不可靠，那么，以同样"约定性"形成的"符号"系统，其产生的真理如何变得可靠？或许普鲁斯特并没有这样刻意要在小说中探讨"真理"问题，而是把"真理"当作一种美学的词汇来使用。真理美学在此变得多样化，表现为一种可能性，这是符合普鲁斯特小说创作意图的。相反，德勒兹在此把"真理"问题列入哲学范畴来思考，让人不免感到他又在"打牌了"——在普鲁斯特的小说已经近乎被阐释透彻的情况下，德勒兹想要写出惊人之语，打出"真理与符号"牌。

与重视方法论的哲学观念不同，德勒兹对普鲁斯特的观点概括道：普鲁斯特提出了一个包含"强制"与"偶然性"的双重观念。真理依赖于与某种事物的相遇，后者驱迫我们去思索与求真。相遇的偶然性与强制的压力就是普鲁斯特的两个根本性主题。（《普鲁斯特与符号》，姜宇辉译，上海译文出版社）

是真理依赖于与某种事物的相遇，还是人发现真理依赖于某种事物的相遇？如果真理依赖于与某种事物的相遇，真理就是一个偶然的存在，而不是必然的存在。或者，真理是一个变化的动态存在，而不是本真的永恒存在。这是真理吗？而发现真理则依赖于与某种事物的偶然相遇，比如牛顿从掉下来的苹果中发现万有引力定律。如果从探寻真理的角度看，普鲁斯特的观点显然说不通，可能这不是普鲁斯特的本意，而是德勒兹的观点。因为德勒兹善于对他人的观点进行自我发挥。普鲁斯特在小说《追忆似水年华》中写道："而我感到，这就是我们本真性的标记。我没有到那个大院里去寻找那两块绊过我脚的高低不平的铺路石板。"普鲁斯特并不是在追求事物的真理，抑或真相（还原），他只是自己在心中将记忆丰富和强化。"那个大院"以及"两块石板"并非出现在某个具体场景中，而是出现在普鲁斯特的回忆中，在回忆的虚空里"那个大院"和"两块石板"成为记忆的标识，就像路标引导他联想起其他被遗忘的事物。他遵循创作的需要继续他的回忆，而不是遵循"探寻真理"的原则进行"考察"，因此，普鲁斯特所说的"强制"与"偶然性"是叙述的策略，以及小说故事重构的手段。这种重构赋予某些回忆片段（表现出符号性）以丰富的内涵和外延，扩大了事件的边界（也可以认为扩大了时间的边界），这无可厚非。但把这当作"探寻真理"的路径实属本末倒置。事实上，普鲁斯特只是构建一种纸上的真实，他借助阐释、破解、翻译、发现等手段使得这样的构建得以完成。这些手段本来是用于对符号进行编辑处理的，现在普鲁斯特借用这种语言机制处理记忆。如果对符号的阐释不是关于真理的，而是关于表达和理解的话，那么，用这套机制处理记忆与真理应该没有什么关系。

普鲁斯特基于美的原则提出的"强制和驱迫的真理"并非一个"真理"，而是一个虚构的现实，或重构的现实，尽管他还保留些许历史记忆的元素，但这些元素的存在环境、意义、形态已经和本真的状貌完全不同。我们看到一个文本的真实替代了原形。我们的注意力早已经被小说带离某个街景，而沉迷到普鲁斯特描绘的意境和场域之中。我们满足于心上的乐趣，而无心对故事的真假较真。在小说中，谈论"真理"要么是骗人的，要么是为了转移人们对"真理"关注的视线。

德勒兹说："求真，就是阐释、破解、解释。"（《普鲁斯特与符号》，姜宇辉译，上海译文出版社）这句话单独看没什么错，问题是阐释、破解、解释的语言方向归向何处？是归向本质吗？哲学倒是一直做着这样的事情。如果德勒兹指的是此类，那么，这句话就毫无新意。是归向意义和意义的再生吗？这是语言学的问题，即能指和所指的问题，也是现代美学的主要特征。德勒兹指的是这个的话，肯定地说也毫无新意。又何况普鲁斯特本身就是一位现代主义的作家，他擅长此道一点都不奇怪。是指向事物与事物的关系吗？结构主义和语言哲学做的正是这样的事。我们都还记得维特根斯坦那句宣言："哲学已经终结，剩下的就只有语言分析哲学了。"对于语言分析，普鲁斯特未必擅长，他的小说主要以叙述性语言为主，少用阐释性语言。倒是德勒兹擅长语言分析。如果德勒兹指的是此类的话，则可以证明依靠"阐释、破解、解释"实现的文本构建并非普鲁斯特想要的（美），而是德勒兹想要的（真）。德勒兹利用普鲁斯特的"叫牌"和"底牌"构想出一套符合自己目的的"打法"，语言在此出现交互和干扰，阻挠与引荐，不相关的词成为另一个"词"现身的"桥段"。这不是语序、语境问题，而完全是一种"强力"与"偶然性"的相遇——一副平庸的牌被他打得十分精彩。我不得不反复提醒自己，与德勒兹过招要当心，他是一个擅长迷惑对手的人，一个善于利用别人的次级优点以及弱点为自己所用的人，一个变幻莫测的人。他说什么你都要静心想想后再做回应。有人应声附和，或迷恋追随，我真为这些人担心。反正德勒兹不会对每一个因为听信他的言论而误入歧途的人负责的。因为他会说：我从来都没说过一句肯定的话，我相信的只是一切都处在生成之中。正如我说真理时，我说的是符号。知道吗？符号意味着："每种符号都不均等兼有多条时间线；而同一条时间线也不均等混合了多种符号。"（《普鲁斯特与符号》，姜宇辉译，上海译文出版社）

我们权且认为每个人都有使用阐释语言的权利，如果按照德勒兹所说"真理即阐释、破解、解释"的话，那么，一个作伪证的人所进行的阐释和解释是否也是真理呢？一个阴谋家为自己无耻的行为做着冠冕堂皇的解释和阐释是否也是真理呢？这句话不能放到"真理"的阳光下去晒，一晒我们就发现它满身漏洞。它单薄得像提不起来的一团影子。但你看，它读上去多具有迷惑性呀！特别是针对盲目崇拜的人来说，这句话多"帅"呀！

11. 关于批评家德勒兹

在我所接触的古今西方哲学家和批评家中，德勒兹是最独特的，也是最丰富和复杂的。他超强的理解力、想象力和创造力使他可以和任何一种艺术对话。他不是那种依附于某种参考系的哲学家和批评家，他是创立参考系的人。他在评价梅尔维尔、陀思妥耶夫斯基、卡夫卡、穆齐尔这样伟大的作家时概括道："重要的是事物保留它们谜样然而并不随意的性质：总而言之，是一种新的逻辑，确确实实是一种逻辑，但不会引领我们走向理性，而是能够抓住生命和死亡之间的亲密关系。"（《批评与临床》，刘云虹等译，南京大学出版社）这一段话说的不正是他自己吗？

德勒兹是一位真正的批评家。他的伟大之处就在于借助批评，构建了完全属于他自己掌控的一套语言程式。他是语言的发明家，他对全新语言的使用，比如在《时间—影像》中对电影语言的概括与提炼，都极大地拓宽了我们对电影艺术的认知空间。德勒兹是在哲学和批评双双面临末路的情况下走上批评之路的。摆在他面前可选择的道路并不宽广。与他同时代的批评家们几乎都依据各自的理论优势划分了批评的天下。其中，米歇尔·福柯、罗兰·巴特、雅克·德里达、列维·施特劳斯、利奥塔等批评家在语言分析领域建立了各自的高地；卡西尔、苏珊·朗格、保罗·德·曼在符号学领域形成了自己的势力范围；而英伽登、杜弗莱纳、梅洛-庞蒂等在现象学方面各有建树；伽达默尔、保罗·利科尔在阐释学领域风头正劲；在新现实主义以及文化批评上，以马尔库塞、霍克海默、本雅明为代表的法兰克福学派大家辈出。向后看，有新托马斯主义的雅克·马利坦；向前看，各流派大家林立。对此，他单枪匹马杀出一条德勒兹之路实属不易。他开始不按套路出牌，他必须善于运用百家之长，又不落百家窠臼。"千高原"是他突破领地意识为自己立足于百家之上确立的"底牌"。"游牧"是被"驱迫"的，而不是最好的理想。他必须靠不停地"游牧"到别人的草场上获取"偶然性"的食物。所以，他必须创造一套理论和方法，确保他的"游牧"和"掠取"行为合法。他采取了两个手段：第一是将艺术批评引向哲学思考。对于艺术批评家来说，这个批评方向几乎是大家要回避的，但却成了德勒兹的批评选择。在丹诺的《艺术哲学》基础上，他做得更进一步，索性取消了艺术和哲学边界，这使得他获得了从艺术中思考哲学问题的优先权。第二是创造概念。他谙熟获得知识法权的套路——创造概念。通过创造新概念，他让自己从其他人那里获得的知识与启示变为己有。那些强调系统性、目的性、谱系性的批评家们难免觉得德勒兹有"乱来"的味道，但他的"乱来"为批评吹进一股强劲的新气息。他的与众不同就在于以他独到的观点打开了艺术家想象的空间。他并不为作品制造合理欣赏路线和理由(讨好或反对)，恰恰相反，他制造破解、拆穿、再造作品的可能性。他并不基于肯定或否定来审视一部作品，而是在阅读中实现双重的打开，既打开作品也打开自我。他借此将自己和作品带离原有的存在，在展开的对话中他们双方都成为另一个存在——德勒兹和作品消弭在彼此的敞开之中。这就使得德勒兹具有了多重面孔，我们不知道应该称他哲学家，还是批评家更合适。但身份的问题并不是他在意的。他在意的是尼采借狄俄尼索斯之口写的那首诗的最后一句：我是你的迷宫！

2019 年 2 月 4 日—10 日于石湖滴水斋

附录：诗人的面具

——小海、李德武对话录

李德武：我刚刚读过《米沃什词典》，整本书令我印象深刻的只有米沃什评论弗罗斯特那篇文章。米沃什说弗罗斯特是一个带着面具写作的诗人。在米沃什看来，弗罗斯特为了实现自己伟大诗人的梦想，自导自演了一出大戏，他放弃城市生活和自己的真面目，"他改变了服装，戴上面具，进一步把自己弄成个乡下人，一个新英格兰农民，使用简单的口语化语言写他身边的事和生活在那里的人们。他是一个真正的美国人，在地里挖土，没有任何城市背景。他是一个自造的天才，一个与自然和季节打着日常交道的乡村贤哲。依靠他的表演和朗诵才能，他小心维护着这个形象，投合人们对质朴乡村哲学家的吁求"。

单看这段文字，我感觉在米沃什的眼里，弗罗斯特就是一个骗子，一个善于伪装自己且巧妙迎合观众的演员。这段话让我生疑的不是弗罗斯特，而是米沃什。他究竟想说什么呢？是弗罗斯特的诗歌一文不值，还是弗罗斯特压根就没有选择农场生活以及自身写作方式的权利？幸亏米沃什没有让自己局限在"羡慕嫉妒恨"的狭隘视野之中，他看到了弗罗斯特恬静安适的田园生活仅仅是假面。"假面背后隐藏的是他对人类命运的灰暗的绝望。"

小海：我想，这里的面具是有两层意思的。一种我认为是正面的，是说一个诗人找到了自己的方式，他呈现了自己独到的一面，鲜明与独特的这面。就如同我们通常所见的中国式面具——戏剧脸谱，是有些夸张的、归纳式的、粗暴式处理的。但无论如何，躲藏在其后的自我，有了他的独立的面孔和方式，找到了他的调门、语调。这对诗人来说，总是有个人的指示标志意义的。也许因为这能提示诗人，作一种形式规范的暗示。就像希尼说的"如果第一句音乐般展开了"，具体的一首诗就成功了一半。这是一首山野民歌还是剧院的歌剧，并不重要。这里我说的是扩大到诗人的个人的一种风格化处理范式。面具，也被常常称作类型化写作。另外一种，不仅仅是针对诗的，而是由诗及人了。我们古人说知人论文，钱穆先生有"文以人名"一说；外国诗学有"风格即人"一说。

具体到弗罗斯特，米沃什对弗罗斯特的"面具"一说，似乎涉及个人行为方式和道德绑架，是人本化和文本化兼论。我读弗罗斯特的诗歌比较多，我并不认同米沃什的说法。米沃什从东欧来到西方，从一个阵营来到另外一个阵营，也许对"面具"有一番体味或体验。他的"面具"是放下了，却给弗罗斯特戴上了。我读到过弗罗斯特"经营"他的农场梦的乌托邦一面："我不会去太久，你也来吧。"也读到他的农场梦的乌托邦另一面："家庭吵架""农场欠收"。他的个人抱负与伤痛、他和妻子在面对死去的孩子、他的家族病，当然也不乏他自我戏剧化的一面，但也无可厚非。到后来他的个人选择已经并不重要了，重要的是诗。他的诗留下来了，我更愿意来知诗论人。

李德武：我还是感觉到米沃什对弗罗斯特写作的不信任。他甚至借助保罗·瓦雷里的嘴骂出了他自己心中对弗罗斯特的蔑视："瓦雷里大概会对那些由一个，你知道，由一个笨蛋、一个牛仔笔录下来的那些来自日常生活的小戏剧故事嗤之以鼻。"

诗人为了树立自己的威信和影响力常常会诋毁另一位，甚至所有优于自己的诗人，特别是他的前辈诗人。这种"弑父"现象在中外诗歌史上已不算是什么怪现象。相反，诗人对诗人的诋毁常常是无缘由、无规则以及无任何道德感的。米沃什也许以为自己说出的是真话，不过，像"读弗罗斯特的诗歌，谁都不会读到他自己的伤痛和悲剧"这样武断的结论实在让人怀疑米沃什话中的意图。我可以这样反问米沃什：你不是我，你怎么知道我不会从弗罗斯特的诗中读到他的悲伤和绝望？你也不是弗罗斯特，你又怎么知道弗罗斯特不曾在他的写作中展现他的伤痛和悲剧？我说这些并不是想掀起一场跨国的诗歌骂战，我真正思考的问题是该如何看待一个诗人选择他生活和写作方式的权利问题。从诗歌文本的呈现来看，假如弗罗斯特是一个戴面具写作的诗人，那么，什么样的写作才不算是戴面具写作？诗歌的优秀与否和一个诗人的生活方式（面具）之间有怎样的必然联系？

小海：米沃什的诗我也很喜欢。他的隐逸、物我两忘、宠辱不惊、悠然自得等具有淡泊明志的智者气度。比如这样一些诗句，"尘世中没有什么我想占有""没有一个人值得我羡慕""任何我曾遭受的不幸，我都已忘记""在我身上没有痛苦。直起腰来，我看见蓝色的大海和帆影"等等，都表现出类似中国诗人的东方智慧了。弗罗斯特曾说"始于喜悦，终于智慧"，我曾分析过弗罗斯特的两首诗，标题叫"从选择的迷惘到终点的澄澈"。弗罗斯特的诗中也有这种对人生冲淡与消解的智慧与气质。你不认为吗？最近我也读到孙康宜《揭开陶潜的面具》一篇文章。我就在想，是不是有点苛求古人了。知诗论人也难。钱锺书先生曾批评陈寅恪先生以诗证史（比如《柳如是别传》）是刻舟求剑，有书呆子气，以诗论人可能也是一厢情愿的。

李德武："面具"这个词无论如何都不是一个好词。他让我们想到伪装、欺骗、恶作剧等等。诗人的写作风格用"面具"这个词替代我觉得不合适，我更倾向于用面目（你说面具戴久了也就成了面目，这值得探讨）。风格用于个人辨认、确立，除了语言特色和技术特征以外，诗人写作态度是其面目的主要决定因素。这包括他的审美取向、人生态度和生活习惯等。面具是个僵化的东西、死的模式，尽管作为象征意义的面具也可以用来指代面目，但是，我更倾向于从"有机的""人的"的特征来辨别一个诗人的写作。可能，一个诗人一生写作变化不大，从总体来看写作有面具感，或者，有的诗人就是要通过写作来掩盖自己真实的一面，比如通过幻想爱情弥补实际生活中爱的缺失等，这些会让人感觉诗歌其实本身就是一个面具。

　　一切模式化的写作都会让我们厌烦，这不仅仅出于创新的需要，也因为模式化的写作让我们有面具感（不管是积极的还是消极的）。从波德莱尔到兰波到狄兰·托马斯、亨利·米勒、爱伦·金斯堡等，审丑和无视规矩改变了以前依靠审美建立起来的诗歌观念。堕落不再是一个道德问题，而是一个趣味问题，这让诗歌写作挣脱了基督教影响下的神性写作束缚（但丁），以及浪漫主义对生活无边际幻想的利诱，使得诗人不是单纯看到了写作的可能性，还看到了我行我素生活的可能性。这是整个现代、后现代诗歌写作最基本和最持久的内驱力。诗歌写作并不取决于道德（真善），而取决于趣味。这是今天写作多元化的前提。趣味决定的是一个人的兴趣、癖好、小伎俩、隐私等，这些好恶有时并非出于合理性，当然，也不一定符合道德原则或利益获取途径，那完全是个人的事情。弗罗斯特的写作就算他为了成就个人的理想，回避对自己痛苦经历作任何表白，我觉得也是可接受的、可理解的。因为，他忠实于自己的趣味。弗罗斯特的伟大就在于他不以自己的苦难为写作资本，而是如米沃什所说，怀着"他对人类命运的灰暗的绝望"，努力寻求让人类心灵得以安顿的方式。农庄生活是对现代生活的拒绝和不妥协，他要守护的是人在天地之间生活的那份踏实、安静和从容。正如你所说，他的诗让我们感受到了这一点，他实现了自己的写作目标，他也为我们选择趣味性生活提供了成功的范例。

小海：帕斯曾有一个文章标题好像是"墨西哥人的面具"，他在分析墨西哥人性格的时候说过那儿的男人都有沉默的一面，这是他们自我保护的有效面具。这是男子气的事。我们生就的面孔本来天生是一副面具，后来所受的家庭教育、个人气质的修炼，人文和宗教环境的影响等，可能又让我们获取了另外的面具。这样的面具或许还并不止一副。但如果弗罗斯特一直这样戴在脸上，不再取下来，那么也就等于是自己的面孔了。弗罗斯特戴上了面具是不是也一辈子？

我们讨论弗罗斯特和面具一说的时候，是否注意到他其实还是一位传统意义上的诗人。从这个方面上讲，面具还是属于一个整体观的东西。其价值取向，并不单纯取决于道德（真善）或者是趣味。后现代以降，碎片化写作、即兴写作、自动写作、日记式写作等兴起，哲学家或者批评家通常以为面具碎了，一地鸡毛。"这个世界是偶然性和荒诞性的具体体现，是最古怪的可能性暂时装扮事实的假面舞会。"（〔美〕乔·桑塔亚那《狂欢》，萧萍译，《世界文学》2003 年第 1 期）有人可能会认为，虽然还会出现像十九世纪、二十世纪那样的一代诗人和作家那样，为写作做出那么多艰难的人生规划。毕竟时代变了，写作的工具、方式，都会有所改变，比如，纸张和笔墨换成电脑，等等。但写作这件事的性质本身并没有太多改变，弗罗斯特的诗今天还有人读，弗罗斯特式的写作还会存在，弗罗斯特的面具还会有人自动戴上。

李德武：米沃什在谈论亨利·米勒时就谈到了趣味问题。他说："道德堕落和趣味是两回事。"他用"戴面具写作"来看待弗罗斯特，我觉得这并非一种批评态度，而是一种写作态度，他运用的是趣味判断，而不是文本分析。正如他自己所说："我写他不是出于崇敬，更主要的是我惊讶于这样一个人物居然成为可能。"很多现实生活都为后人反向校正提供了参考基础。我觉得后现代的狂欢并不是一个具有持久生命力的艺术现象，很多人已经为这种没有"根系"的生活所警觉，我把这样的生活或艺术称为"沙塔"，它不可能为我们提供耐久的诗歌力量。所以，我理解米沃什对弗罗斯特的"惊讶"可能远大于喜欢他与否。今天，最难的写作也许并不是在语言上弄些花样，使其复杂或简单，而是，谁肯选择一种与众不同的生活方式，让写作不再局限于书斋，而是回到生活之中，让我们看到他的文本就是他的人本。

这样说并非要求写作一定要回到"诗即人"这种传统的观念上来。在现实的写作中，文本与人本不一定吻合，但是诗与趣味必须保持一致。忠实于趣味也许是我们对一个诗人提出的最基本要求。"诗即人"有以人绑架诗的嫌疑。孟子曾说："颂其诗，读其书，不知其人，可乎？"这是人品决定诗品论。这种写作今天并未完全失效。但是，今天已经进入趣味决定诗品的时代。写作仍有高低之分，高低不是靠人格修养决定，而是靠趣味决定的。

和后现代的碎片化写作不同，趣味写作主体并未完全处于分裂状态或缺失状态，就算他做的是一个游戏。趣味决定了诗人写作的合法性和纯粹性。语言的存在也不完全是维特根斯坦所说即人的存在。语言的存在仅仅是人趣味的存在。它并不包含人的全部，比如幸福、痛苦、爱，以及其他一切琐碎生活。语言只是趣味构筑的宫殿，在那里，我们不能指望获得一切生活现实（以诗证史或以诗证人），这太荒谬了。一首诗或一个诗人他只能奉献出与趣味有关的东西，他只能吸引与其趣味相同或相近的人。米沃什是一个与弗罗斯特趣味不同的诗人（甚至恰好相悖），他不理解、不喜欢弗罗斯特是自然的。

2015 年 7 月完成，2020 年 6 月 2 日校改